8°R
16284

I0111632

LA

CHAIRE DE PHILOSOPHIE

A LA FACULTÉ DES LETTRES DE CLERMONT

1855-1893

DÉPOT LÉGAL
PUY-DE-DÔME
16= 53
1899

PAR

M. E. JOYAU

Professeur de philosophie à l'Université de Clermont

CLERMONT-FERRAND

TYPOGRAPHIE ET LITHOGRAPHIE G. MONT-LOUIS

Rue Barbançon, 2

1890

LA

CHAIRE DE PHILOSOPHIE

A LA FACULTÉ DES LETTRES DE CLERMONT

1855-1893

PAR

M. E. JOYAU

Professeur de philosophie à l'Université de Clermont

15629

CLERMONT-FERRAND

TYPOGRAPHIE ET LITHOGRAPHIE G. MONT-LOUIS

Rue Barbançou, 2

1899

8° R

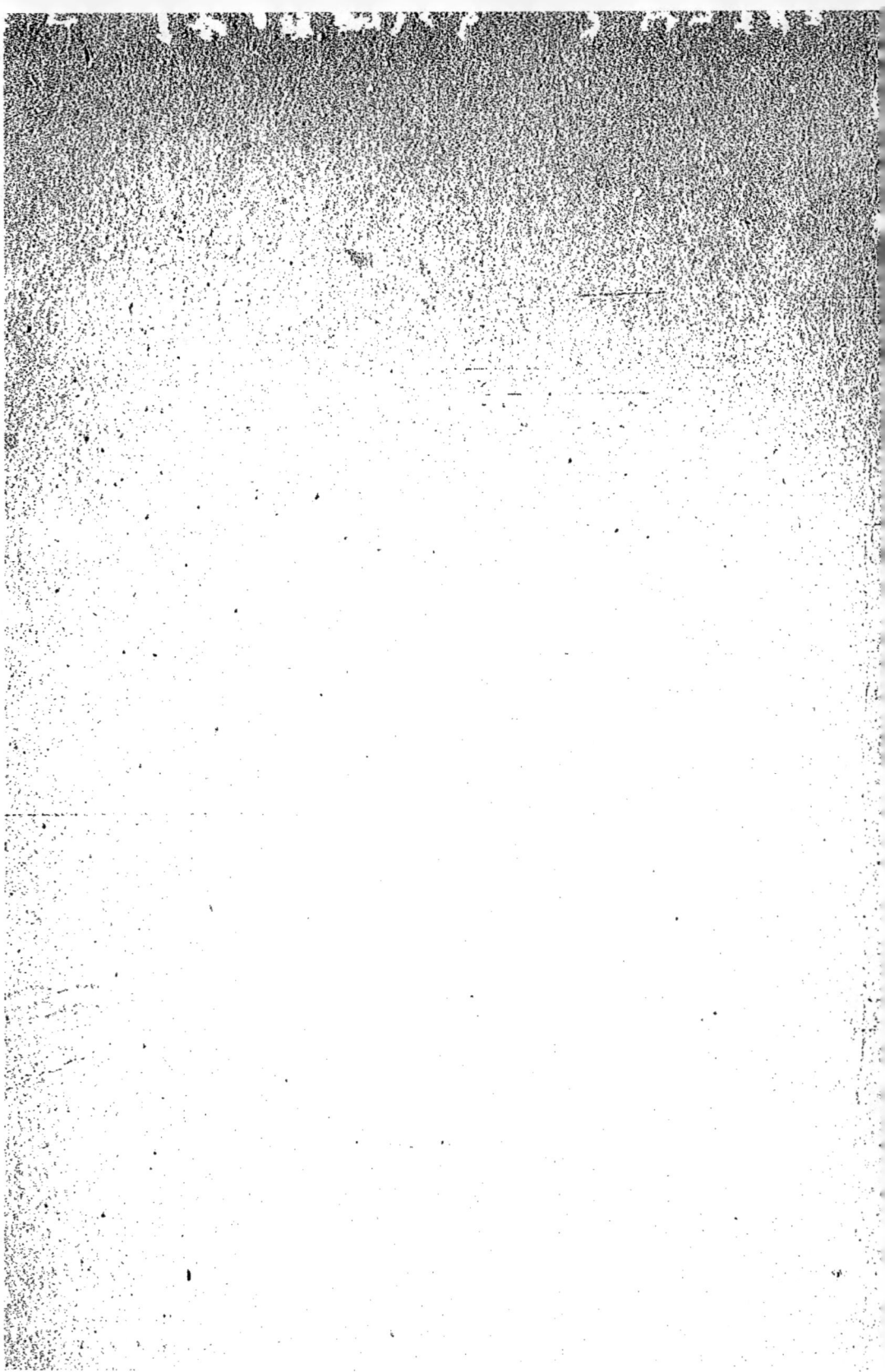

LA CHAIRE DE PHILOSOPHIE

A LA FACULTÉ DES LETTRES DE CLERMONT

(1855-1893)

I.

L'histoire de la Faculté des Lettres de Clermont n'est pas bien longue, car elle n'embrasse pas encore un demi-siècle, mais elle ne laisse pas que d'être intéressante, et les noms des hommes de talent qui y figurent méritent d'être pieusement conservés par la jeune Université d'Auvergne.

Cette province ne possédait pas d'université avant la Révolution et aucun établissement d'enseignement supérieur n'y avait été fondé pendant la première moitié du siècle. La Faculté des Lettres et la Faculté des Sciences de Clermont furent créées par le décret organique du 22 août 1854, en même temps que les Facultés des Lettres de Douai et de Nancy, les Facultés des Sciences de Lille, Marseille, Nancy et Poitiers. C'est alors que, pour donner satisfaction à un plus grand nombre de municipalités et de circonscriptions électorales, on eut l'idée malencontreuse de fonder une Faculté des Sciences à Marseille, tandis que la Faculté des Lettres du même ressort académique continuait de siéger à Aix; une Faculté des Sciences à Lille, quand la Faculté des Lettres était accordée à Douai. Le mal n'a encore été que partiellement réparé, et nous continuons de présenter au monde savant le spectacle étrange d'une université bicéphale, celle d'Aix-Marseille.

La réorganisation de l'enseignement supérieur était

depuis plusieurs années à l'étude. Le 10 avril 1852,
M. H. Fortoul, ministre de l'Instruction publique, adressait
au Président de la République un rapport sur le nouveau
plan d'études pour les lycées et facultés; les sentiments
qu'il y exprime et l'idée qu'il se fait des conditions dans
lesquelles doivent se poursuivre les hautes études nous
semblent aujourd'hui bien curieux : « Monseigneur ....,
pour satisfaire aux vœux des familles et aux besoins de
la société, vous avez voulu qu'on essayât de modifier les
méthodes d'éducation qui ont jusqu'à ce jour produit trop
d'esprits stériles et dangereux.... Ce plan emprunte
une force plus grande encore au génie du premier consul
dont il achève de réaliser une des plus heureuses conceptions.... Pour que ces enseignements divers portent
leurs fruits, il faut en retrancher avec soin les rameaux
parasites.... L'enseignement de l'École normale et les
épreuves de l'agrégation, indispensables au recrutement
du professorat, sont modifiés dans le même but. Les dis-
positions proposées auront pour conséquence de faire de
modestes professeurs, et non pas des rhéteurs plus habiles
à creuser des problèmes insolubles et périlleux qu'à trans-
mettre des connaissances pratiques. Il faut que les maîtres
appelés à l'honneur d'enseigner au nom de l'État ap-
prennent, par un pénible noviciat, à s'oublier pour leurs
élèves et à ne placer leur gloire que dans les progrès des
enfants qui leur sont confiés.... Une seconde réforme,
non moins nécessaire, consiste à soumettre les étudiants
des facultés à un travail régulier et obligatoire. Ils ne
doivent obtenir que par des efforts continus les grades
académiques qu'ils ambitionnent. L'assiduité aux cours
que l'État leur ouvre si libéralement est un de leurs premiers devoirs. Aux prises avec les passions de la jeunesse,
ils ont peut-être plus besoin que les enfants de nos lycées
de la discipline du travail. Un travail constant et l'échange
bienveillant de sentiments et d'idées qui s'établit naturellement entre le professeur et un auditoire assidu, les

préserveront des séductions qui les assiègent. Les habitudes de dissipation trop ordinaires aux grandes villes ne trouvent qu'une barrière impuissante dans l'étrange facilité des règlements actuels : il est nécessaire de les modifier par une prescription formelle. Les facultés des différents ordres auront donc leur auditoire obligé ; c'est à cet auditoire sérieux que s'adressera surtout le professeur. Quand une jeunesse studieuse se pressera autour de sa chaire pour y recueillir un enseignement utile et pratique, sera-t-il jamais tenté de recourir aux vains prestiges d'une éloquence théâtrale ou, ce qui serait plus blâmable encore, de réveiller la curiosité par un appel aux passions ? Ces tristes moyens peuvent réussir devant des auditeurs oisifs et blasés ; ils n'auraient aucun succès auprès de jeunes étudiants exclusivement préoccupés du but qu'ils se proposent d'atteindre. Le programme du professeur est tracé d'avance ; il lui est impossible de s'en écarter. »

Le commentaire explicatif de ce rapport, le témoignage bien clair de l'intérêt que le gouvernement d'alors portait à la haute culture intellectuelle, est le décret par lequel, deux jours après, le prince président révoquait de leurs fonctions Michelet, E. Quinet et Mickiewicz, tous trois professeurs au Collége de France.

Le 7 mars 1853, une circulaire ministérielle enfermait la liberté des facultés dans ce qu'on appelait alors de sages limites : « Le Ministre, considérant qu'il convient que l'enseignement des facultés des lettres, en conservant la liberté nécessaire à un enseignement supérieur, se renferme dans des limites précises et déterminées, arrête : Les professeurs des facultés des lettres distribueront leurs leçons de telle sorte que, tout en variant le choix du sujet, ils puissent parcourir en trois années le cercle entier de leur enseignement et présenter un tableau fidèle des principaux monuments qu'ils sont chargés d'expliquer à la jeunesse.... Le professeur de philosophie prendra le sujet de son enseignement la première année, dans la psychologie et la logique ; la deuxième, dans la théodicée et la morale ; la troisième, dans l'histoire de la philosophie. »

L'inauguration des Facultés de Clermont fut célébrée en grande pompe, en même temps que la rentrée de l'École secondaire de médecine, le 26 décembre 1854. La messe du Saint-Esprit fut dite par l'évêque de Clermont, en présence de toutes les autorités civiles et militaires, des membres de la Cour impériale de Riom et d'une nombreuse assistance. Puis, il y eut séance solennelle dans la grande salle de l'Hôtel de Ville, sous la présidence de M. Théry, recteur. Le discours qu'il prononça à cette occasion est un remarquable spécimen de l'éloquence officielle de ce temps : « Messieurs, pour exprimer dignement une situation nouvelle, je voudrais qu'il me fût donné de rencontrer des paroles puissantes. Ce relief manquera, je dois le craindre, à la solennité qui nous réunit ; mais il lui restera l'intérêt et la gravité du sujet, c'est-à-dire quelque chose de plus réel que tous les artifices de l'éloquence. Quoi de plus intéressant, en effet, quoi de plus grave que le mouvement imprimé aujourd'hui à l'éducation nationale ? et quelle occasion plus favorable pour apprécier cette difficile entreprise qu'une réunion d'hommes distingués dans tous les travaux de l'esprit, animés d'une bienveillance réfléchie pour la jeunesse, dévoués à un gouvernement fort et sage, qui répare les ruines de l'intelligence après avoir étayé et consolidé l'ordre social ?... Depuis quelques semaines, sur tous les points de la France, dans les seize grands centres intellectuels qu'une loi prévoyante a créés, s'assemblent des hommes d'élite : prélats vénérables et membres d'un clergé plein de charité et de lumières, magistrats à la parole éloquente, aux études profondes, vaillants officiers de cette armée qui civilise le monde par ses victoires, administrateurs d'une haute expérience qui savent que les intérêts de l'étude occupent une large place dans les pensées du gouvernement de l'Empereur.... C'est ainsi que le gouvernement de l'Empereur, l'œil fixé sur la société française au dix-neuvième siècle, a reconnu que parmi ses premiers besoins sont le respect de l'autorité magistrale, la règle observée à tous les degrés de l'enseignement, l'unité dans la direction des études, le cachet pratique imprimé sur toutes les connaissances offertes à l'avide curiosité de la jeunesse.... L'esprit vif et judicieux des Français peut traverser le désordre, comme on l'a dit, mais il répugne à s'y arrêter. Si une tempête politique trouble un moment sa marche progressive, bientôt, et nous avons vu de nos jours ce glorieux spectacle, la France reprend son élan naturel vers l'autorité tutélaire, vers l'unité du pouvoir. Elle se débarrasse des réseaux, des pièges qui liaient son activité, sous le prétexte d'une liberté mensongère, et se retrouve vraiment forte, vraiment active, vraiment libre sous une main généreuse qui n'a enchaîné que le mal. »

La création d'une faculté des lettres et d'une faculté des sciences avait été accueillie avec une grande joie par toute la partie intelligente de la population. Voici comment s'exprimait M. Bardoux dans l'*Ami de la Patrie* du 28 décembre 1854 : « Quelques jours encore, et les cours des facultés commenceront. Et si nous faisons des vœux ardents pour que des auditeurs nombreux viennent assidûment écouter la parole des maîtres, c'est moins pour les distractions que leurs leçons donneront à l'esprit que pour les forces qu'elles apporteront au cœur. C'est peut-être un lieu commun; mais il est bon de le répéter, l'amour des lettres est, après la religion, ce qui relève l'homme. Il donne courage et espoir dans les heures de confusion et d'abâtardissement, et communique à l'âme cette fierté intérieure, la meilleure sauvegarde dans la conduite de la vie... Qu'on le veuille ou qu'on ne le veuille pas, nous sommes, depuis un demi-siècle, en pleine démocratie. Or, le mal comme le bien des époques démocratiques, c'est de

ne laisser debout que l'individu ; elles l'isolent dans sa
grandeur comme dans son abaissement. Attachons-nous
donc à tout ce qui redresse la faiblesse individuelle.
Aimons les lettres, parce qu'elles dessillent les yeux et
mettent en plein jour ces nuances morales qui disparaissent
au contact trop prolongé des intérêts matériels. Ne laissons
pas dire que l'âme humaine est en train de se pervertir,
que les actions de l'homme ne peuvent plus être pesées
avec les balances éternelles du juste et de l'injuste, qu'elles
ont aujourd'hui un caractère vague et équivoque, qui les
soustrait à une appréciation précise et simple... C'est un
moyen de se relever à ses propres yeux que de vivre en
communication avec les morts illustres, comme a dit Cham-
fort. On se trouve toujours meilleur quand on a entendu
un professeur distingué et qu'on a lu un bon livre. Voilà
pourquoi nous souhaitons prospérité aux facultés des
sciences et des lettres de Clermont. »

II.

Le décret du 22 août 1854, en fondant une faculté des
lettres à Clermont, ne lui avait attribué que 4 chaires :
littérature ancienne, littérature française, littérature étran-
gère, histoire. Un an plus tard, un décret du 8 août 1855
y ajouta une chaire de philosophie.

Le premier titulaire de cette chaire, M. Félix Nourrisson, est encore vivant (1) ; le temps n'est pas loin où il
venait chaque année passer les vacances en Auvergne ; nous
avonseu même un moment l'espoir de le revoir au milieu
de nous, nous aurions été fiers de lui offrir la présidence de
la séance d'inauguration de la Société des Amis de l'Université ; nous aurions pris plaisir à interroger ses souvenirs sur les premières années de notre Faculté. Son âge

(1) Cette notice avait déjà paru dans la *Revue d'Auvergne* (mars-avril 1899), quand
nous avons eu la douleur d'apprendre la mort de M. Nourrisson, survenue le 13 juin
1899.

avancé et le soin de sa santé ne lui ont pas permis d'accepter notre invitation ; mais nous jouissons du moins du charme de sa correspondance et de la conversation de ses amis.

Nul n'était plus naturellement désigné pour inaugurer l'enseignement de la philosophie en Auvergne : M. F. Nourrisson était né en 1825 dans l'arrondissement de Thiers, tout près de la demeure de M. de Barante, l'illustre auteur de l'Histoire des ducs de Bourgogne, qui s'intéressa aux études du jeune philosophe et favorisa son début dans la carrière. Il était professeur de philosophie au collège Stanislas, à Paris, quand il se fit recevoir docteur en 1852, à l'âge de 27 ans. C'est de là qu'il fut appelé à la chaire de la Faculté de Clermont ; il l'occupa 3 ans, de 1855 à 1858 et fut alors nommé professeur de logique (la philosophie, on le sait, avait été rayée des programmes de l'enseignement secondaire) au lycée Napoléon. En 1874, il obtint la chaire d'histoire de la philosophie moderne qui venait d'être créée au Collège de France et continua d'y enseigner jusqu'en 1896. En 1870, l'Académie des sciences morales et politiques, qui avait déjà couronné trois de ses ouvrages, lui a attribué un de ses fauteuils.

Pendant les trois années qu'il professa à Clermont, M. Nourrisson, conformément à la circulaire ministérielle de 1853, traita successivement, la première année, de la psychologie et de la logique, la seconde, de la morale et de la théodicée, la troisième, de l'histoire de la philosophie jusqu'au XVII⁰ siècle inclusivement. Dans la leçon solennelle par laquelle il inaugura son cours le 16 janvier 1856, M. Nourrisson annonçait le projet de faire une étude spéciale des personnages qui, nés en Auvergne, se sont fait un nom dans l'histoire de la philosophie : Gerbert (Silvestre II), Pierre le Vénérable, Pierre d'Auvergne, Guillaume d'Auvergne, Cordemoy, Chanut, Ant. Thomas, Pascal. Jamais cependant il n'a pris pour sujet de ses leçons l'histoire de la philosophie en Auvergne, jamais il n'en a traité dans ses livres. Curieux à mon tour d'aborder cette question, je lui ai demandé s'il avait réuni et conservé des matériaux; la réponse a été négative. A-t-il été toujours détourné de ce travail par d'autres préoccupations, a-t-il constaté l'impossibilité de se procurer sur ce sujet des documents nouveaux et intéressants, c'est ce qu'il ne m'a pas été donné de savoir.

L'existence que menaient alors les professeurs de faculté nous paraît bien douce et tout à fait favorable à leurs études personnelles. Ils n'étaient point encore écrasés par le fardeau des examens. Il y eut au mois de décembre 1854 une session de licence : un seul candidat se présenta et fut refusé pour les compositions écrites; au mois de juillet 1855, deux candidats se présentent, un est reçu. Et le baccalauréat? Aux trois sessions de 1854-55 l'on n'a à examiner en tout que 107 candidats dont 35 seulement réussissent (nous en avons eu l'an dernier 1,388) : *O tempora! O mores!* L'année suivante, le nombre des candidats s'élève à 120; personne en revanche ne se présente à la licence. Quant aux conférences spécialement réservées aux étudiants, elles ne donnaient pas fort à faire aux professeurs : en 1857, la Faculté ne comptait en tout que 11 étudiants. L'effort de nos devanciers se portait donc surtout vers la préparation des cours publics qui dès l'origine attirèrent à Clermont un auditoire nombreux, attentif et assidu.

Dans sa leçon d'ouverture, M. Nourrisson exprime une noble confiance dans l'avenir : « Parviendrai-je à répandre en Auvergne le goût de la philosophie? Je l'ignore, et évidemment je ne devrai attribuer le mauvais succès qu'à moi-même. Mais ce que je sais, c'est que jamais pays ne fut plus propre à recevoir une telle semence. Car je n'imagine pas de contrée où l'esprit puisse être plus vivement excité par l'aspect des lieux, par les souvenirs historiques, la succession non interrompue des grands hommes, la tradition philosophique elle-même... La philosophie n'a donc pas besoin d'être naturalisée en Auvergne; il s'agit de lui restituer ses anciens droits... A défaut de talent, j'apporterai du moins des convictions et, en retour de votre bienveillance, un zèle que rien ne sera capable d'attiédir. » Son espoir ne fut pas trompé, et bien des gens à Clermont se rappellent encore que, du temps de M. Nourrisson, la salle de la Faculté était trop étroite pour contenir tous ceux qu'attirait et retenait le charme de sa parole. Ce qu'était son enseignement, il nous est facile de nous en faire une idée, car plusieurs de ses leçons d'ouverture ou de clôture ont été imprimées, et il a pris soin de les rééditer récemment avec quelques articles publiés originairement dans diverses revues.

La personnalité de M. Nourrisson est très curieuse à étudier; elle nous paraît éminemment représentative (pour employer un mot cher à certains critiques) d'une époque complètement disparue et qui n'a pas laissé beaucoup de regrets : le ton du professeur, le goût de l'auditoire, tout a changé depuis lors. M. Nourrisson est le professeur selon le cœur de M. Cousin, dont il est un des plus brillants disciples ; sa philosophie est par dessus tout oratoire et son éloquence s'inspire des grands modèles du siècle de Louis XIV; il n'est point à ses yeux d'époque plus admirable : c'est l'âge des actions héroïques, des mâles vertus, des sublimes remords (1). Certes, M. Nourrisson manie avec une habileté consommée toutes les armes de la rhétorique, mais il faut convenir que le procédé, l'artifice se sentent trop souvent. Ainsi, dans la leçon d'ouverture, pour amener et développer l'éloge des études philosophiques, il commence par exagérer le dédain qu'on leur témoigne communément : « De tous les objets auxquels se puisse appliquer notre intelligence, il n'en est pas de plus relégué, de plus antipathique à l'opinion... Chez la plupart

(1) *Essai sur la philosophie de Bossuet.*

la philosophie ne provoque, au premier aspect, que dédain, aversion ou terreur. En effet, pour les uns la philosophie est-elle autre chose qu'un ingrat labeur, propre à exercer des savants, mais où de brillantes facultés risqueraient trop de s'émousser, de fraîches imaginations de se ternir ? pour les autres, la philosophie est-elle autre chose qu'un amas de systèmes arbitraires, conceptions stériles et creuses, fantastiques tableaux où chacun trouve précisément ce qu'il y a mis, à peu près comme on se dessine dans les vapeurs de l'air des figures sans consistance et des contours sans réalité ? Pour d'autres enfin la philosophie est-elle autre chose qu'une audacieuse révolte de la raison qui tente d'expliquer l'inexplicable, ébranle les principes en les sondant jusque dans leur source, et, par l'abdication des croyances, conduit aux superstitions ? » Ces caractères sont encore plus marqués dans la leçon de clôture, sur l'immortalité de l'âme. C'est à de pareilles leçons que le public prenait alors plaisir, c'est là ce qu'il applaudissait. M. Taine, dans son livre sur les philosophes classiques au XIXᵉ siècle, les a tournés en ridicule. On ne saurait concevoir un esprit plus dogmatique que celui de M. Nourrisson : il a une sécurité, une sérénité de conviction imperturbable : « Voilà ce qu'il y a de vrai dans la doctrine cartésienne, voici ce qu'il y a de faux... Que devient alors le matérialisme, que devient l'athéisme ?... Encore une fois, l'optimisme est le vrai... Oh ! quelle félicité, s'écrie-t-il avec Bossuet, de n'être jamais déçu, jamais surpris, jamais détourné, jamais ébloui par les apparences, jamais prévenu ni préoccupé (1). » Il accable ses adversaires de ses dédains : « La philosophie sensualiste ne va pas seulement à découronner l'homme ; elle le décapite et le réduit à n'être plus qu'un cadavre (2). » Il lance la foudre contre eux, il se plaît à précipi-

(1) Tableau des progrès de la pensée humaine de Thalès à Leibnitz.
(2) Op. cit.

ter leur déroute (1). Un ancien élève du Lycée Napoléon,
M. G. Renard, aujourd'hui professeur à l'Université de
Lausanne, a fait de son ancien maître une charge fort
irrévérencieuse, mais bien spirituelle : « Le digne homme
avait trouvé au programme ses opinions toutes faites, et il
suivait son petit catéchisme laïque avec un zèle des plus
méritoires... Or, le programme disait : Réfutation du dé-
terminisme, réfutation du scepticisme, etc. Le brave
professeur réfutait, réfutait, ce qui était son droit et même
sa consigne. Mais il n'était pas varié dans ses moyens d'at-
taque et, quand il s'était bien escrimé contre un des
systèmes désignés à ses coups, il laissait tomber, en
guise de coup de massue final, cette longue et lourde
phrase : « Si vous admettez ces théories délétères, l'é-
» difice de la société s'écroule, la chaîne des sciences
» est rompue, les beaux-arts s'étiolent, la morale s'é-
» vanouit, la vie est comme désenchantée, et alors vous
» tombez, Messieurs, dans le panthéisme, du panthéisme
» dans l'athéisme, et de l'athéisme dans le nihilisme. »
La voix solennelle du professeur, quand il descendait
les degrés de cette lugubre énumération, descendait
aussi à des tons caverneux et finissait par s'éteindre
dans un murmure sépulcral. C'était à frissonner, quand

(1) « C'est bien pire encore quand les contempteurs de la règle se permettent de toucher à la philosophie. L'amour de la sagesse devient alors à la lettre l'amour de la
folie, et il n'est pas d'ineptie qu'ils ne défendent avec intrépidité. Jusqu'à eux le genre
humain a langui dans l'ignorance ; révélateurs inespérés, ils vont enfin lui apprendre
le secret des choses. Tantôt donc ils soutiennent que l'homme, né d'un peu de boue
échauffée par le soleil, a d'abord été plante et puis poisson, avant d'acquérir cette
perfection d'organisme qui le rend supérieur au reste des animaux. Tantôt ils en font
une pure réceptivité, que les impressions remplissent et animent, de même qu'une
harpe éolienne résonne sous l'action du vent qui l'agite. D'autres fois, dédaigneux des
hypothèses, ils se piquent d'une extrême rigueur : logiciens à tout rompre, ils mettent leur orgueil à être absurdes d'une manière continue, et, s'ils déraisonnent, ils
veulent au moins que ce soit par syllogismes. Ils s'évertuent à combiner des idées et
ne combinent que des mots ; mais il y a dans leur jeu tant de prestesse que la mul-
titude imbécile se prend parfois à applaudir ces bateleurs de la pensée. — De la Règle :
discours prononcé à la distribution des prix du collège Stanislas. Août 1851. »

on l'entendait pour la première fois. Le malheur est qu'à chaque système l'éternel refrain reparaissait; il y avait bien, de temps en temps, quelques variantes, le panthéisme était remplacé par le matérialisme ou quelque autre mot en *isme*, aussi long que possible; mais le début de la période était immuable, ainsi que le dernier trait, et, en effet, il est bien manifeste qu'après le nihilisme il n'y a plus rien (1). »

Ces habitudes oratoires, M. Nourrisson les porte même dans la rédaction de ses livres (2), dans la discussion des questions philosophiques où il nous semble qu'un tout autre style serait bien plutôt de mise (3); trop souvent, là où nous cherchons un argument net et précis, un raisonnement rigoureusement déduit, nous trouvons une phrase à effet, un mouvement d'éloquence (4); tout cela

(1) G. Renard. *L'homme est-il libre ?* p. 68.

(2) « Oui, nous avons besoin d'être protégés contre nous-mêmes. L'égoïsme le plus profond nous dévore ; il importe qu'on y oppose un vivant exemple d'obéissance et d'abnégation. La fièvre du luxe, la soif de l'or nous travaillent plus qu'elles n'ont fait en aucun temps ; il importe qu'on y oppose la salutaire pratique du détachement et de la pauvreté. Enfin les âmes se sentent envahies par le vide ; les principes s'abolissent et l'intérêt devenant l'unique lien entre les hommes, l'état mal assuré subit toutes les variations de cet intérêt même. Il importe d'opposer à cette mobilité ruineuse la digue d'une loi qui ne change pas ; il est urgent de ranimer la charité dans les cœurs, et, dans les esprits, le respect d'une religion qui leur impose, les maintienne et les dirige. Tel est le rôle politique qui semble dévolu parmi nous aux ordres religieux. » L'Oratoire et les oratoriens. P. de Bérulle. *Correspondant*, 25 fév. et 25 mars 1855.

(3) L'homme, par ses préoccupations, son impatience, les abus même de sa liberté, l'homme est capable d'erreur. Au lieu d'observer, il imagine ; au lieu de regarder, il rêve : il préfère se tromper plutôt que de consentir à ignorer. Oui, en un sens, il est exact de dire que trop souvent l'homme qui réfléchit ou l'homme philosophe est un animal glorieux, *philosophus animal gloriæ*. (*Philosophies de la nature.*)

(4) Il n'y a en dernière analyse qu'une chose qui serve, le droit ; chose qui ne se voit ni ne se touche, et qui conséquemment suppose l'âme ; chose qui, loin de se plier à nos caprices, nous commande, et qui conséquemment suppose Dieu. Supprimez Dieu comme une idole, supprimez l'âme comme une chimère, et par là même avec toute idée de justice, toute idée de liberté s'évanouissant, cette terre que ne terminent plus les perspectives du ciel, se change en un cloaque impur où les hommes, de même que les reptiles, s'agitent et luttent pour une existence misérable. Qu'on ne s'y trompe pas ! Machiavélisme, matérialisme, athéisme, sont les termes intégrants d'une seule et même équation. *Machiavel*, p. 13.

peut être fort beau, mais ne fait pas précisément notre affaire (1). Non seulement cette préoccupation constante de la forme oratoire, cette éloquence continue nous lasse et nous impatiente, étant donnés nos goûts et nos habitudes, mais elle joue parfois à M. Nourrisson lui-même de bien vilains tours en lui inspirant des développements vraiment étranges : « Or écartons, il le faut pour la dignité de l'histoire, écartons les exagérations déplorables, où même les atroces calomnies dont on a cherché plus d'une fois à noircir les papes qu'on a appelés papes politiques. Cependant et d'un autre côté comment taire, alors même qu'on aurait le droit de les passer sous silence, les fautes ou les crimes qui, en dégradant certains papes, ne font que mieux ressortir l'incomparable éclat de la papauté (2) ? » Il est même des phrases broussailleuses à travers lesquelles il n'est pas possible de se frayer un chemin : « A Dieu ne plaise que nous ne parlions une fois de plus du passé que pour ne le rappeler jamais (3). »

Ces défauts qui tiennent à la forme plutôt qu'au fond, ne doivent pas nous faire méconnaître les grandes et fortes qualités dont M. Nourrisson a fait preuve. C'est par dessus tout un travailleur infatigable. Il a publié plus de 20 volumes (dont quelques-uns ont eu déjà plusieurs rééditions), diverses brochures, enfin un grand nombre de communications et de rapports insérés dans les mémoires de l'Académie des Sciences morales. Voici la liste et la date de ses principaux ouvrages :

(1) Supposez l'homme isolé de l'univers, et l'homme devient un être incompréhensible. Car l'homme est le sommet d'une série et son existence implique toutes les existences qui l'ont précédée. Mais supposez l'univers destitué de la présence de l'homme, et l'univers devient inexplicable. « Si l'homme disparaissait de la terre, s'écriait éloquemment Buffon, qui porterait le sceptre du monde ?... » Mais si la terre a été faite visiblement pour l'homme, ce n'est pas moins pour s'approprier la terre que l'homme a été créé. *L'âme de l'homme* (Acad. Sciences morales, 1871, 1).

(2) *Machiavel*, ch. V, p. 71.

(3) *Progrès de la pensée*, p. 169.

1852. — Ses deux thèses de doctorat : Exposition de la théorie platonicienne des idées. — La Philosophie de Bossuet, avec des fragments inédits.

1856. — Le cardinal de Bérulle; sa vie, ses écrits et son temps.

1856. — Lectures morales et religieuses extraites et traduites des Pères de l'Eglise latine.

1858. — Les Pères de l'Eglise latine; leur vie, leurs écrits, leur temps.

1858. — Tableau des progrès de la pensée humaine de Thalès à Leibnitz; continué jusqu'à Hegel dans la 4e édition, 1867.

1860. — La Philosophie de Leibnitz (ouvrage couronné par l'Académie des Sciences morales).

1865. — La Philosophie de saint Augustin (couronné par l'Académie des Sciences morales).

1865. — La Nature humaine, essai de psychologie appliquée (ouvrage couronné par l'Académie des Sciences morales.

1866. — Spinoza et le naturalisme contemporain.

1870. — De la liberté et du hasard, essai sur Alexandre d'Aphrodisias, suivi de la première traduction française de son livre.

1874. — Machiavel.

1885. — Pascal physicien et philosophe.

1887. — Les Philosophies de la nature : Bacon, Boyle, Toland, Buffon.

M. Nourrisson n'est pas de ceux qui s'enferment dans leurs études spéculatives et se désintéressent des questions qui passionnent leurs contemporains : il est l'auteur de plusieurs brochures sur les questions sociales, surtout sur les accidents d'usines, les ouvriers et les divers projets de loi proposés en vue d'établir les responsabilités.

Le caractère dominant de la pensée philosophique de M. Nourrisson, caractère bien rare chez les écrivains de notre époque, c'est la fixité. Pendant cette longue période de 1852 à 1896, qui a vu se produire tant d'événements considérables, se répandre tant d'idées nouvelles, ses convictions ne se sont pas modifiées sur un seul point. Il est soutenu par de solides croyances religieuses que rien n'a ébranlées et qu'il ne craint pas de proclamer tout haut. Sa thèse de doctorat est dédiée « à M. Ozanam, mon maître (1) ». En philosophie, le critérium de la vérité est pour lui le bon sens. Ce respect pour l'orthodoxie catholique d'une part, pour le sens commun d'autre part, nous explique son goût et son admiration pour Bossuet (2), à l'étude duquel il

---

(1) « Le danger le plus immédiat peut-être pour le sentiment religieux se rencontre présentement dans l'espèce de dilettantisme métaphysique que s'efforcent d'accréditer d'habiles et ingénieux rêveurs. Les uns, raffinés de méthode, les autres idolâtres d'érudition, se sont mis à disserter sur la philosophie en ruinant toute philosophie, et à traiter de religion en détruisant toute religion. Ils ne peuvent s'empêcher d'accorder que la philosophie est un assaisonnement délicat, une élégante curiosité ; après cela, ils n'ont plus qu'en faire et la répudient comme science. Ce leur est assez de définir Dieu la catégorie de l'idéal, d'adresser à ce pur abstrait de lyriques prières ; après cela ils n'ont plus qu'à sourire d'un Dieu personnel, créateur et providence. On dirait qu'ils s'inquiètent fort peu d'être compris, pourvu qu'ils étonnent, et qu'ils se soucient moins de substituer aux ténèbres la lumière que d'embrouiller ce qui jusque là avait paru clair... Pour moi, de pareils dédains ne m'émeuvent guère. Je me sens peu touché par le prestige des paradoxes, et volontiers j'encourrai le reproche de remuer à mon tour des lieux communs sur lesquels l'élite des penseurs s'exerce depuis plus de 2,000 ans... Je m'adresse à ceux qui, par dessus tout, estiment le vrai, quelque ancien, j'ai presque dit quelque rebattu qu'il puisse être... Plus j'avance dans ma carrière philosophique, plus je m'attache d'une prise ferme au sens commun... Au lieu de faire la lumière dans les âmes, vous n'y faites que le vide. Vous parlez de progrès et vous êtes, à votre insu, des apôtres de décadence. Votre liberté effrénée de pensée court à la servitude de la pensée ; car la vraie liberté est une liberté réglée, et cette règle, lorsqu'il s'agit de spéculation, nous l'avouons très haut, c'est le christianisme. Oui, à suivre le christianisme, la raison n'abdique pas ; elle s'élève et se fortifie ; à le combattre, vous avez prouvé une fois de plus qu'elle dévie et qu'elle s'oblitère. (Portraits et études.)

(2) « En écrivant un essai sur la philosophie de Bossuet, nous ne nous sommes pas seulement proposé de mieux faire connaître cet esprit sublime ; nous avons voulu surtout témoigner par là combien est insensée la lutte qui depuis si longtemps divise les partisans déraisonnables de la raison et les aveugles défenseurs de la foi... Bossuet est un Père de l'Eglise, qui l'ignore ? Bossuet est un philosophe, qui oserait le nier ? Pour lui, la foi achève et confirme ce que la raison a commencé, tandis que la raison à son tour prépare à la foi dont elle est un degré nécessaire. Combattre contre la raison ou combattre contre la foi, c'est combattre contre la vérité. (Essai sur la philosophie de Bossuet.)

BIBLIOTHÈQUE NATIONALE B.F. IMPRIMÉS

2

a consacré un grand nombre de volumes (1) et dont il a le
premier publié plusieurs écrits philosophiques demeurés
jusque là inconnus. « Bossuet, dit-il, est le prince du sens
commun... Il fut par excellence le modérateur, souvent
même le dictateur des esprits... Il est l'homme des tempé-
raments, mais non pas des concessions... Il faut distinguer
le vrai et le faux mysticisme; le vrai est le point culminant
de la science... C'est une philosophie discrète et sensée,
qui ne risque pas une seule hypothèse... Meilleur philosophe que Leibnitz, que Malebranche, que Fénelon, Bossuet fut plus orthodoxe que pas un d'entre eux. » Il est
un autre nom qu'il met au même rang, c'est celui de Leibnitz, toujours soucieux lui aussi de mettre ses théories métaphysiques d'accord avec la religion et le bon sens. « Dans
la philosophie de Leibnitz, dit-il, se trouve le couron-
nement de la philosophie moderne (2). » Sans doute
M. Nourrisson admire beaucoup Platon, mais il déplore
les écarts auxquels le chef de l'académie s'est laissé entraîner par son imagination vertigineuse; quant à Aristote,
il n'en fait pas grand cas et ne s'est jamais senti tenté
d'en approfondir le système. S'il a une profonde aversion
pour les épicuriens, il se refuse à admirer les stoïciens.
Parmi les modernes, il goûte peu Malebranche, dont les
audaces l'épouvantent; il éprouve une horreur toute spéciale pour Spinoza (3); il n'est pas frappé de la sublimité

(1) *La philosophie de Bossuet*, avec des fragments inédits (1852). — *Des sources
de la philosophie de Bossuet* (1862). — *La politique de Bossuet* (1867).

(2) « Par bien des côtés, cette construction majestueuse ressemble à une splendide
décoration de théâtre, beaucoup plutôt qu'elle n'est un édifice habitable. Mais pourtant
c'est dans le roc que l'architecte en a creusé et jeté les fondements. » (*La philosophie
de Leibnitz*, page 8.)

(3) Sa rigueur formelle n'est qu'apparente; chez lui l'on rencontre de continuels
paralogismes, la pétition de principe, l'ignorance du sujet, etc... « Évidemment il faut
accorder une certaine originalité à Spinoza, non pas sans doute cette originalité féconde
qui ajoute aux connaissances acquises, mais cette stérile et trompeuse originalité qui
consiste à rajeunir des formes vieillies et à diversifier les aspects de l'erreur. » Cependant M. Nourrisson est forcé, bien à regret, de rendre hommage à son caractère :
« Or, cherchez dans cette vie, vous n'y découvrez pas une tache. Exemple mémorable !

du génie de Kant. Pour ce qui est des théories nouvelles, positivistes ou transformistes, qui au XIXᵉ siècle ont obtenu une si grande vogue et se réclament de l'autorité de la science, il les repousse avec dédain (1).

Tout le monde connaît les pages spirituelles (2) où Taine soutient que, non plus que Jouffroy, Cousin n'est pas venu à son heure; donnant carrière à son imagination, il le remet à sa véritable place; il nous le montre vivant dans la seconde moitié du XVIIᵉ siècle, admirateur et continuateur de Bossuet. Tous ces traits s'appliquent au disciple mieux encore qu'au maître : M. Nourrisson est un homme du XVIIᵉ siècle égaré dans le nôtre; il appartient à la deuxième période du règne de Louis XIV par son style non moins que par ses idées. Voilà qui nous rend compte du succès qu'ont obtenu ses livres dans la période qui s'étend de 1850 à 1870, non seulement au sein des Académies, mais auprès des gens du monde; c'est aussi pour

Le caractère y va constamment de pair avec le génie. Spinoza meurt l'âme haute, l'esprit serein, la conscience inviolablement préservée de toutes les souillures qu'entraîne trop souvent avec soi le torrent fangeux de l'existence humaine. » Mais il se hâte d'ajouter : « En vérité la main se lasse à transcrire et l'esprit se rebute à discuter de pareilles conceptions. Il semble que l'on fasse un mauvais rêve... L'erreur appelle l'erreur, et le Dieu vers lequel pousse Spinoza l'élan d'une mysticité qui est suicide, la foi aveugle en un optimisme d'airain, ce Dieu se trouve l'abstraction en même temps que la plénitude de l'être ; indicible puissance qui est tout ce qui est et qui n'est rien de ce qui est ; idéal insaisissable tour à tour et animal immense, dont la respiration produit le rythme fatal de la vie et de la mort, *monstrum horrendum, informe, ingens, cui lumen ademptum !* » On ne peut assez s'étonner que le spinozisme ait survécu à son auteur et qu'il ait la vie si dure : « Spectacle ridicule en effet, mais affligeant et d'une monotonie désespérante ! Leçon sans cesse répétée et qu'on oublie sans cesse ! On raffine, on subtilise, on affiche d'incroyables dédains, on se guinde à grand renfort de machines au-dessus de la réalité vivante, sur les cimes mortes de l'abstraction ; et bientôt bon gré mal gré on tombe de tout son poids lourdement, sottement, pour s'y noyer et s'y perdre, dans ce monde de la sensation dont on avait prétendu s'affranchir. L'expérience journalière l'atteste : le naturalisme devient le terme fatal où échoue le faux mysticisme. » (*Spinoza et le naturalisme contemporain.*)

(1) « L'école positiviste est plus riche en barbarismes et en néologismes qu'en découvertes... Esprit lourd, opaque, d'ailleurs d'une culture bornée, médiocre en tout, même en mathématiques, Auguste Comte que rien ne distinguait, qu'un incommensurable et morbide orgueil... » (*Philosophies de la nature.*)

(2) Taine. *Les philosophes français au XIXᵉ siècle*, ch. VIII, II.

cela que les nouvelles générations s'en détournent et n'en
reconnaissent plus le mérite. C'est un devoir pour l'Université de Clermont de conserver pieusement la mémoire
d'un homme qui l'a grandement honorée, car nul ne poussa
plus loin l'amour du travail, le culte de la vérité, enfin le
souci constant de bien parler et de bien écrire.

III

Le successeur de M. Nourrisson, M. RONDELET, ne lui
ressemblait guère. François-Antoine Rondelet (connu
sous le nom d'Antonin) naquit le 28 février 1823, à Lyon,
d'une famille profondément chrétienne. Il fit de brillantes
études et obtint des succès exceptionnels. Il eut pour
professeur de philosophie l'abbé Noirot qui, après avoir
enseigné au collège royal du Puy en Velay, puis à Mou-
lins, occupa pendant plusieurs années, avec le plus grand
éclat, la chaire du collège royal de Lyon. C'était un
maître hors ligne dont Cousin disait : « Il ne fait pas
des élèves, mais des hommes ». En 1841, M. Rondelet fut
reçu à l'École normale; il y eut pour maître A. Jacques,
pour condisciples P. Janet, Lescœur, Denis, Em. Bur-
nouf. Successivement professeur à Rennes, à Poitiers et
à Marseille, il passa son doctorat en 1847 et se présenta
l'année suivante au concours pour l'agrégation des Facultés (il y avait alors un concours pour l'agrégation des
Facultés des lettres, comme pour les Facultés de droit
et de médecine); il avait pour concurrents P. Janet,
Waddington Kastus, Ch. Jourdain, qui, plus âgés, l'em-
portèrent sur lui. L'année d'après, le concours pour l'agrégation de l'Enseignement supérieur était supprimé, et ce
ne fut que dix ans plus tard que M. Rondelet fut appelé
du Lycée de Marseille à la Faculté de Clermont. Il conserva cette chaire pendant treize ans, jusqu'en 1871;
frappé alors d'un deuil cruel, il désira se rapprocher de

Paris, où il devait retrouver les restes de sa famille. Pendant deux ans il fut attaché, comme directeur des études, à l'Ecole normale primaire du département de la Seine, à Auteuil; enfin, lors de la création de l'Université catholique de Paris, en 1875, il y occupa la chaire de philosophie pendant cinq ans, jusqu'en 1880. Depuis lors, il se consacra tout entier à ses livres et à ses autres travaux. Les infirmités, non plus que les épreuves, ne lui furent pas épargnées; ses forces physiques l'abandonnèrent, sa vue s'affaiblit, il devint presque aveugle et mourut le 24 janvier 1893.

Lorsque nous étudions la physionomie de M. Rondelet, ce qui nous frappe tout d'abord c'est son activité prodigieuse. Il fut, lui aussi, un écrivain fécond : il publia plus de trente volumes, il collabora assidûment et périodiquement à plusieurs revues, il envoya des articles à un grand nombre d'autres; et cela ne représente qu'une très petite partie des fruits de son travail. Il fut surtout un conférencier infatigable : il a fait dans seize villes des leçons détatachées, dans sept autres des cours suivis de deux mois, trois mois, un an et plus; il se prodiguait dans les cercles catholiques et les associations ouvrières; il organisa des cours pour les jeunes filles. Malheureusement cette admirable activité s'éparpilla sur un trop grand nombre de sujets, au lieu de se consacrer à un travail unique et suivi, de sorte que la qualité de ses produits pâtit manifestement de leur nombre. Voici la liste de ses principaux ouvrages, avec leur date; on verra qu'un grand nombre ont été composés pendant son séjour à Clermont :

1846. — Les propositions modales dans la Logique d'Aristote; — la Morale d'Aristote, ses thèses de doctorat.

1851. — Madame Récamier.

1859. — Du Spiritualisme en économie politique (ouvrage couronné par l'Académie des Sciences morales).

1860. — Les Mémoires d'Antoine, notions populaires

de morale et d'économie politique (ouvrage couronné par l'Académie française).

1861. — Mémoires d'un homme du monde (suite des Mémoires d'Antoine).

1861. — Conseils aux parents pour l'éducation de leurs enfants.

1863. — Nouvelles et voyages (Normandie, Puy-de-Dôme).

1863. — La morale de la richesse.

1864. — Londres pour ceux qui n'y vont pas.

1866. — Le lendemain du mariage.

1867. — La science de la foi ou les apologistes chrétiens de notre temps.

1868. — L'Économie politique dans la vie pratique.

1868. — Les Lois du travail et de la production.

1868. — Petit Manuel d'économie politique.

1869. — Le Travail et ses lois.

1869. — Le Danger de plaire, suivi de nouvelles destinées aux jeunes personnes.

1871. — Du Découragement, réflexions sur le temps présent.

1871. — Les limites du suffrage universel ; — De l'opposition et de la révolte.

1873. — L'Éducation de la vingtième année, lettres à ma cousine Nathalie.

1875. — Mon voyage au pays des Chimères.

1878. — L'Art d'écrire.

1879. — L'Art de parler.

1881. — Réflexions de littérature, de philosophie, de morale et de religion.

1883. — Manuel chrétien d'instruction civique.

1884. — La Vie dans le mariage.

1888. — Le Livre de la vieillesse.

M. Rondelet n'est pas le seul homme d'études qui ait été victime de ses qualités mêmes, et son malheur est

d'avoir été trop bien doué ; il avait une extrême facilité,
une extraordinaire puissance d'assimilation, la mémoire
la plus heureuse et un remarquable talent d'improvisation ;
il n'a jamais éprouvé le besoin d'un travail patient et
approfondi ; il n'en a jamais senti ni développé le goût.
Ses œuvres s'en ressentent. Tout comme ses conférences,
ses livres sont improvisés. C'était, paraît-il, un causeur
charmant, abondant, spirituel, riche en souvenirs, heu-
reux en saillies imprévues ; il avait autant de verve que
de bonhomie, son élocution était aussi brillante que facile.
Ceux qui ont suivi ses leçons nous disent qu'on l'écoutait
avec plaisir, sans aucune fatigue ; mais, à la réflexion, on
s'apercevait qu'il n'en restait pas grand'chose. Non seulement son enseignement n'était pas très substantiel, ses
conférences très nourries, mais, ce qui est plus grave, il
n'avait pas l'accent qui fait pénétrer les idées dans les
intelligences : on ne sent pas chez lui l'effort de la pensée
qui ose aborder résolument et sans parti pris de redouta-
bles problèmes, qui lutte pour découvrir la vérité, pour la
dégager et pour la faire triompher. M. Rondelet ne s'arrête
pas à discuter les objections que peuvent soulever ses
théories : ou bien il n'en soupçonne pas l'existence, ou
bien il les écarte dédaigneusement d'un mot ; cela ne suffit
pas à tous les esprits. Voici le témoignage que lui rend,
dans un article nécrologique publié par le journal Le
Monde (7 février 1893), M. C. Huit, son parent, qui
occupe un rang fort distingué parmi les philosophes
contemporains : « Si l'on me demandait le caractère dominant de son genre d'éloquence, je dirais volontiers que
c'est l'ampleur. Dédaignant d'ordinaire la menue monnaie
des citations et la poussière des détails, très médiocrement
sympathique à ce qu'on a tant de fois vanté depuis sous
le nom d'érudition, il préférait, en vrai philosophe, re-
monter à l'origine des choses, en dévoiler les ressorts
cachés, les causes apparentes ou secrètes. Très capable
de développer dans un cours un enseignement suivi, il

brillait surtout dans la conférence, excellant à agrandir par des coups d'aile soudains ou par des généralisations inattendues l'horizon en apparence le plus restreint. »

L'impression que produit la lecture de ses livres est analogue : aucun d'entre eux n'est un ouvrage de fond, où soient exposées des idées véritablement personnelles ou originales; M. Rondelet avait à cœur de propager, de vulgariser des doctrines qu'il croyait à la fois vraies et utiles; il s'appliquait à s'approprier aux différents publics à qui il s'adressait, tantôt aux gens du monde, tantôt aux ouvriers, tantôt aux jeunes filles, tantôt aux parents; la préoccupation de bien écrire est toujours manifeste chez lui. Il a volontiers recours à la fiction, à la forme de la nouvelle ou du roman, pour faire mieux passer ce qu'il tient à dire. Ses livres se lisent couramment, sans effort; mais il faut bien convenir qu'ils n'ont ni charme ni relief. Ainsi, nous reprochons au philosophe, au moraliste, à l'économiste, d'être trop littérateur; à l'écrivain, de ne l'être pas assez, de ne pas se soucier uniquement et exclusivement de créer une œuvre d'art.

Le livre intitulé : « Londres pour ceux qui n'y vont pas (1864) » jette un jour très curieux sur la tournure de son esprit; ce sont des notes prises au cours d'un voyage accompli à l'occasion de l'Exposition de 1863 et du Congrès des Œuvres de bienfaisance, notes écrites agréablement, mais sans éclat. Elles nous montrent à quel point l'Angleterre était peu connue alors du public français. M. Rondelet ne comprend pas la grandeur toute particulière de l'esprit anglais; il insiste sur l'ennui que lui causent les docks et le tunnel sous la Tamise; il fait ressortir combien est différente la physionomie des machines anglaises et des machines françaises; il répète que la préoccupation de l'utile ne suffit pas à satisfaire l'âme humaine. Dans les prisons anglaises, les condamnés qui travaillent et se conduisent bien obtiennent non-seulement un salaire, mais une réduction de la durée de leur peine :

M. Rondelet proteste contre ce règlement ; cela ne donne pas satisfaction, dit-il, au sentiment de la justice, et il est immoral de prendre les hommes par l'intérêt.

Il y avait en M. Rondelet l'étoffe d'un véritable philosophe ; ses thèses de doctorat nous présentent une critique très pénétrante des théories d'Aristote. Dans sa thèse latine, il étudie les propositions que les péripatéticiens appelaient modales ; il explique la distinction du possible et de l'impossible, du contingent et du nécessaire, et les conséquences qui en découlent au point de vue de la théorie du syllogisme ; il conclut que dans l'appréciation des jugements et des raisonnements on doit faire plus attention à la correction du fond qu'à celle de la forme. Dans sa thèse française, il dégage fort bien le caractère purement empirique de la morale d'Aristote ; il reconnaît que, tant dans la théorie des vertus intellectuelles que dans la théorie des vertus morales, nous y rencontrons un grand nombre d'observations de détail admirablement vraies ; pour l'ensemble, il condamne le système du Stagirite et surtout la réfutation de la théorie platonicienne du Bien. Mais, chez M. Rondelet, le goût des études philosophiques ne fut jamais une passion dominante, ni même très forte, de sorte que bientôt, sous l'empire d'autres préoccupations, il en vint, sinon à les abandonner, du moins à leur faire une place singulièrement réduite, à leur assigner un rôle tout à fait subalterne. Dans sa leçon inaugurale du 1er février 1859, il disait : « Le genre humain ne voit pas sans effroi ni sans défiance la philosophie spéculative manier les questions d'où sortent les tempêtes, et la reconnaissance de ce qu'il lui doit ne lui suffit pas toujours pour oublier les négations dont elle a effrayé son intelligence, les ébranlements dont elle a troublé son repos... Il y a dans toute question philosophique deux aspects bien différents : l'un par lequel s'ouvre à la pensée une perspective du côté de l'inconnu, perspective indéfinie et dont l'œil ne saurait ni mesurer la distance ni atteindre le dernier

horizon ; l'autre, à la fois plus lumineux et plus calme,
offre à l'âme une vérité paisible qui la repose et qui la
satisfait ; de là, deux philosophies : l'une plus haute et
plus orageuse, la philosophie spéculative ; l'autre plus
modeste et plus utile, la philosophie pratique. » Il insis-
tait sur l'amour naturel de l'homme pour l'incontestable,
inconcussum quid, sur la quiétude souhaitée et attendue
du repos dans le vrai. Dans la préface du Programme d'un
cours de philosophie, publié en 1851, il traite longuement
des rapports de la philosophie avec la religion : la raison
cherche, dit-il, la religion enseigne. La solution des questions ne nous est fournie que par la révélation. La philosophie n'a point pour but l'instruction ; elle n'a rien à
apprendre qui ne soit connu. Elle est l'achèvement indispensable des études classiques, c'est l'éducation de l'esprit
et du cœur ; elle doit affermir la foi par la raison, complé-
ter l'instruction par la méthode qui l'explique et qui la
fonde. L'auteur juge sévèrement les pages célèbres de
Jouffroy (Comment les dogmes finissent) : « Elles mani-
festent, dit-il, les espérances orgueilleuses d'un génie
égaré qui jugeait le monde sur sa destinée. »

M. Rondelet n'était pas fait pour les méditations soli-
taires et les études silencieuses ; il était avide de se rendre
utile à ses semblables en répandant la connaissance de la
vérité, et d'autre part il lui fallait la vie au grand air,
l'action ; lorsqu'il parlait, il voulait que ce fût devant un
auditoire nombreux ; lorsqu'il écrivait, il voulait que ce
fût pour des milliers de lecteurs ; il avait le tempérament
militant, il aimait les discussions et les polémiques ; il
goûtait fort les applaudissements ; par conséquent, les
questions qui l'attiraient le plus fortement étaient les
questions d'actualité. Or, si les grands problèmes de la
philosophie ont toujours le privilège de manquer d'actualité, selon le mot de Buloz, ils n'en eurent jamais moins
qu'à l'époque où M. Rondelet fit ses débuts. Il y a du vrai
dans ce qu'il dit, bien qu'il exagère, afin de justifier son

attitude : « A quoi bon dissimuler le profond abaissement dans lequel est tombée cette science? Elle n'a même plus la ressource de se voir combattue ou calomniée. Il y a quelque chose qui est au-dessous de la haine, c'est l'abandon et l'oubli. Elle en est venue à cette extrémité. Personne ne s'en inquiète ni ne s'en occupe. On ne se donne pas même la peine de s'informer si elle est vivante ou morte. Je ne pense pas qu'à aucune époque elle ait eu à subir une indifférence plus complète et, à ce qu'il semble; plus définitive. Ce n'est pas qu'il ne se publie à ce sujet des livres de plusieurs centaines de pages, de longs articles dans des revues de premier ordre. Je ne nie pas que la philosophie ne fasse encore bonne figure. Ce qu'il y a d'incontestable, c'est que le public s'en tient soigneusement à l'abri... Si le public n'a pas la force de monter jusqu'à elle, il faut qu'elle s'abaisse; il faut qu'elle redouble d'efforts, de clarté, d'intérêt; qu'elle aille s'emparer à domicile de ses lecteurs et qu'elle leur parle, non pas le langage qu'elle aurait choisi, mais celui qui la fera entendre (1). »

Au contraire, à la suite des émeutes de juin 1848, l'attention du public avait été fortement attirée du côté des questions de morale sociale et d'économie politique; on comprenait l'urgente nécessité de répandre dans toutes les classes de la société, surtout parmi les ouvriers, un certain nombre de connaissances pratiques et de leçons fondées sur l'expérience. Le gouvernement impérial voyait d'un œil favorable cette propagande qu'il croyait de nature à le consolider. M. Rondelet eut le mérite de comprendre ce besoin général, cette orientation de la curiosité publique et de se consacrer, avec l'ardeur enthousiaste d'un néophyte, à ce genre d'études ; il fut en France un des premiers apôtres de la morale sociale, de l'enseignement civique et de l'économie politique. L'enseignement

(1) *Mém. d'un homme du monde*, 1861.

officiel de l'économie politique ne fut inauguré, par la
Faculté de droit de Nancy, qu'en 1863; la Faculté de
Paris eut une chaire de cette science en 1868 ; enfin, le
26 mars 1877, elle fit partie du programme obligatoire de
toutes les Facultés de droit. Mais bien des années aupa-
ravant des conférences et des cours publics avaient été
organisés dans un certain nombre de localités. Dès 1856,
deux ans avant son départ de Marseille, M. Rondelet avait
créé dans cette ville un cours d'économie populaire qu'il
reprit à Clermont et à Riom. En 1864, M. Duruy, sur les
conseils de M. Levasseur, avait fait place à la science
nouvelle dans le plan d'études de l'enseignement spécial ; il
l'avait aussi introduite dans les écoles normales primaires.
En 1868, il confia à M. Rondelet la mission d'aller dans
les centres ouvriers étudier les questions sociales ; c'est
alors qu'il fit cette prodigieuse série de conférences à
Abbeville, Amiens, Arras, Beauvais, Béthune, Boulogne-
sur-Mer, Boulogne-sur-Seine, Calais, Saint-Cloud, Saint-
Denis, Douai, Etampes, Lille, Lyon, Saint-Pierre-lez-
Calais, Saint-Quentin, Rive-de-Gier, Thiers, Tours, Va-
lenciennes. Il a réuni en volumes un certain nombre de
ces conférences ; nous avons déjà indiqué ses livres sur le
spiritualisme en économie politique, sur le travail et ses
lois. Après son retour à Paris, il prit souvent la parole à
la mairie du Prince-Eugène, au faubourg Saint-Antoine,
au faubourg Montmartre, aux Batignolles, à Montpar-
nasse, à Grenelle. Il avait été mis en relations avec Le
Play, pour lequel il professait une profonde admiration,
dont il devint le collaborateur zélé au sein de la Société
d'économie sociale et de la Société d'économie politique,
et dont il s'occupa de propager le système.

Est-ce à dire que M. Rondelet se soit fait une place
parmi les économistes, qu'il ait contribué au progrès et à
l'évolution des sciences sociales? Il lui a manqué pour cela
l'habitude du travail persévérant, le goût des idées exactes
et précises. M. Hippolyte Passy, dans le rapport qu'il fit

à l'Académie des Sciences morales (1858) sur le livre
« Du Spiritualisme en économie politique », reproche à
l'auteur de n'avoir pas étudié les problèmes à fond et de
commettre un certain nombre d'erreurs. M. Rondelet
aime à élever, à élargir les questions ; il ne s'enferme pas
dans les limites de l'économie politique ; sa prétention est
de créer une science nouvelle, mitoyenne entre l'économie, la morale sociale et la religion. En réalité, il ne
crée rien du tout : ses écrits, comme ses discours, n'ont
rien de scientifique ; ce ne sont que des œuvres de vulga-
risation, sans originalité ni caractère personnel. Il s'at-
tarde à des généralités superficielles et banales, à des lieux
communs oratoires (1); il ne fait qu'effleurer les questions terribles de la propriété, du capital, du prolé-
tariat, du contrat de travail, de l'intervention de l'Etat ;
on se demande s'il n'en comprend pas lui-même la gravité ou s'il fait en sorte de la dissimuler à son auditoire;
en tous cas il ne fait rien pour en préparer la solution. Il
compte, pour soulager les maux de la société actuelle, sur
un retour à la foi chrétienne et sur l'observation docile des
commandements de Dieu et de l'Eglise. Nous avons déjà
parlé de ses convictions religieuses, auxquelles il est toujours demeuré fidèle ; il s'efforçait de les répandre avec
une incroyable ardeur de prosélytisme. Il s'est beaucoup
occupé de la fondation des Cercles catholiques d'ouvriers

(1) « L'homme a des besoins matériels qu'il ne peut négliger, mais il a aussi besoin
de vérité, d'art, de vertu, de religion... La production sociale de la richesse n'a pas
pour but la satisfaction de nos besoins, mais l'accomplissement d'un devoir... Il existe
entre l'économie politique et la morale proprement dite une science intermédiaire qui
me paraît réaliser l'accord tant de fois cherché de ces deux sciences : je l'appelle la
morale sociale... Elle est de notre temps le dernier mot des sciences philosophiques et
le seul but s'rieux qu'elles puissent se proposer... La morale sociale doit spiritualiser
l'économie politique ; mais il ne faut pas, comme les idéalistes, recommencer le monde
social sous prétexte de l'expliquer... Le véritable libéralisme se mesure non pas aux
droits qu'une démocratie imprudente propose de prodiguer aux hommes, mais au développement des besoins intellectuels... La richesse reprend alors sa véritable place, elle
cesse d'être, comme au temps où le corps était tout, la cause et la fin des civilisations :
elle devient un instrument et comme un organe dont les sociétés sont appelées à se
servir afin de grandir en intelligence et en moralité. »

et des patronages ; à Paris, il s'est associé aux efforts de son compatriote, M. Beluze, pour l'organisation et le développement du Cercle des étudiants catholiques, derrière le Luxembourg ; les dernières années de sa vie ont été employées à la direction du Salon des œuvres.

Il n'est pas étonnant qu'absorbé par tant de soins et tant de travaux, M. Rondelet n'ait pas apporté un très grand zèle dans l'accomplissement de ses fonctions de professeur à la Faculté des lettres de Clermont ; et franchement, il nous paraît bien excusable de ne s'y être pas attaché d'un amour passionné. Dans son rapport lu à la séance de rentrée, le 19 novembre 1860, M. le doyen Olleris nous trace un tableau curieux du public qui suivait alors les cours de la Faculté : « Il ne serait pas sans intérêt de connaître la composition de notre auditoire. Ce sont, à de rares exceptions près, les mêmes personnes qui suivent les cours et vous pourriez ainsi juger de l'esprit de la population. Les jeunes gens y sont en très petit nombre, soit que les affaires absorbent tout leur temps dans une ville de commerce, soit que ceux qui se destinent aux professions libérales aillent chercher au loin et à grands frais le complément d'études qu'on regrette de ne pas trouver dans l'Académie de Clermont. Quelques employés des établissements publics et privés, des personnes retirées des affaires ou qui savent leur ravir quelques heures, des militaires en retraite, de rares ecclésiastiques, un petit nombre de dames, tel est d'une manière à peu près invariable le personnel de notre auditoire. » Un pareil public n'est pas pour inviter le professeur à des études sérieuses, à des travaux originaux. Ce qu'il lui faut, M. le recteur Théry le dit dans son discours du 15 novembre 1859 : « La faveur publique est acquise aux Facultés et à l'École de médecine de Clermont. Je n'ai plus à démontrer une vérité vieille de cinq années. Cette faveur est-elle due seulement au talent des maîtres ?... leur bon esprit en revendique peut-être une part aussi grande. Ce n'est pas seulement parce qu'ils parlent bien qu'on les écoute avec plaisir et sécurité, c'est parce qu'ils disent avec distinction des choses sensées et pratiques, parce qu'ils mettent leur éloquence sous la garde des principes religieux et moraux, parce que s'ils abordent comme c'est leur devoir, les matières délicates de l'enseignement, ils le font en bons chrétiens et en hommes qui comprennent les besoins comme l'esprit de la France... L'Université, dans laquelle vous tenez un rang élevé, s'avoue hautement chrétienne ; elle aime et admire l'Empereur, qui l'a fait fleurir parmi les arts de la paix. »

A cette époque, le goût des conférences publiques commençait à se répandre ; on demandait aux professeurs de Facultés d'en vouloir bien faire ; le gouvernement paraissait favoriser ce mouvement, mais, en réalité, il en avait peur ; il prenait toutes sortes de précautions contre la liberté de la parole. Dans une circulaire confidentielle du Ministre de l'Instruction publique aux Préfets (27 mai 1865), nous lisons : « En ce qui concerne les cours publics, cette forme nouvelle de l'enseignement supérieur, un grand mouvement s'est produit ; il doit être contenu quelquefois, encouragé souvent, surveillé toujours. » On rappelait le règlement du 28 février 1858 portant que dans chaque salle de cours une place particulière sera affectée au Recteur ou à son délégué spécialement chargé de la surveillance de l'enseignement supérieur. Au mois de mars 1865, M. Olleris, doyen de la Faculté des Lettres, se proposait de faire à Clermont et à Riom une leçon sur Gerbert d'Aurillac, pape sous le nom de Silvestre II. A ce sujet, le recteur Allou écrit au Préfet : « Aux termes des instructions ministérielles, je dois, avant de donner ou de solliciter l'autorisation de semblables exercices, vous demander votre avis personnel. »

En face de ces défiances, on comprend la timidité des Facultés. Mais véritablement celle de Clermont nous paraît avoir dépassé la mesure. Pour le premier semestre

de 1859-60, M. Rondelet avait proposé ce programme :
« La philosophie mise à la portée de tous. La morale
appliquée à la société. L'empereur a dit, ajoute-t-il : il
est du devoir de tout bon citoyen de répandre les notions
de l'économie politique. C'est cette tâche qu'on se propose
d'accomplir dans la mesure où elle appartient à la philosophie. La philosophie est appelée à fournir aux sciences
sociales un certain nombre d'idées fondamentales sans
lesquelles ces sciences ne peuvent que s'égarer. La propriété, le travail, la production de la richesse, etc., sont
des faits moraux avant d'être des faits économiques. Le
terme de la civilisation n'est pas la jouissance, mais la
réalisation du bien moral par le devoir. » Le Conseil de
la Faculté refusa d'accepter ce sujet de cours; il est peu
probable qu'il ait été effrayé de la hardiesse des idées de
M. Rondelet; sans doute il craignit plutôt de se laisser
entraîner trop loin des obligations prescrites par le règlement de 1853; le professeur dut se rabattre sur des questions de psychologie et de morale pratique. De même pour
1864-65. M. Rondelet proposait ces leçons : De la morale
dans la famille, responsabilité des parents, devoirs des
enfants, service militaire, impôts, obéissance aux lois,
droit des gens. Le sujet fut encore repoussé. Voilà qui
nous explique pourquoi les cours de M. Rondelet, pendant
les treize années qu'il occupa la chaire de la Faculté de
Clermont, nous paraissent, en dépit de leur succès et de
leur éclat apparent, avoir été insignifiants et n'offrent pas
les caractères d'un enseignement véritablement supérieur.

Mais ce qu'il importe surtout de rappeler, c'est que
chez lui l'homme valait beaucoup mieux que l'écrivain et
que le conférencier; il est un de ses livres qui nous donne
une belle et haute idée de son caractère, c'est le livre de
la vieillesse : « Mon dessein n'est point du tout, comme
on pourrait le croire, d'enseigner aux jeunes hommes le
secret de se préparer à la vieillesse. J'écris pour les per-

sonnes âgées, pour ceux qui, malgré leur répugnance à s'entendre appeler des vieillards, n'en sont pas moins arrivés au terme de leur vie et dans le plus prochain voisinage de leur mort. A ce moment-là et le plus souvent quelque temps à l'avance, une certaine mélancolie s'empare des âmes. C'est un regret amer de ce qu'on n'a pas fait ; le sentiment d'une impuissance à laquelle les plus courageux ne peuvent pas aisément se résoudre. On se répète chaque matin qu'on est un homme fini ; on se l'entend insinuer ou même dire en face. Le sentiment de cette inutilité augmente notre découragement et assombrit la fin de nos jours. Le livre qu'on va lire a pour but de détruire cette erreur, de rendre à ces heures dernières de notre vie leur honneur et leur prix. Or, je propose de montrer par un simple exposé des faits et par la considération attentive des lois suivant lesquelles se développe notre vie morale que la vieillesse est le plus beau temps de la vie, que cette prétendue impuissance n'est en dernière analyse que la délivrance et l'exaltation de notre vraie activité ; que l'âme, rendue par ce loisir des sens et cette élimination de la force à la possession d'elle-même, à la réflexion, à la méditation, à l'amour, atteint ainsi son véritable but et répond à sa véritable raison d'être, tout le reste de notre vie n'étant jusqu'à ce moment-là que la préparation et la préface de cet état supérieur. » A la piété la plus exaltée, il joignait la bienfaisance la plus active et la plus ingénieuse. De sorte que nous lui devons rendre ce double témoignage qu'il a toute sa vie combattu ce qu'il croyait être le bon combat et qu'il a passé sur la terre en faisant le bien.

3

IV.

Pendant sa mission dans les centres ouvriers, M. Rondelet fut suppléé par M. Millet, professeur au lycée de Clermont. M. Joseph Millet, né, en 1827, à Liancourt (Oise), avait été reçu agrégé de philosophie en 1864, en même temps que MM. Fouillée et Ollé-Laprune, l'année qui suivit le rétablissement de ce concours. Il avait été successivement professeur au collège de Dunkerque (1854) et au lycée de Saint-Quentin (1864), lorsqu'il fut appelé au lycée de Clermont (1866). C'était un véritable philosophe et un travailleur acharné; il donna à son enseignement un caractère qu'il n'avait pas eu jusqu'alors. Voici le programme de son cours à la Faculté pour l'année 1868 : « Dans l'état présent du spiritualisme, en France, il est important de revenir à l'étude approfondie de Descartes. En effet, par suite de l'influence excessive de l'école écossaise, plusieurs des idées les plus justes et les plus profondes de ce grand génie ont été oubliées ou laissées de côté; il est donc important de renouer la chaîne des traditions et de redemander des inspirations à la grande école spiritualiste du dix-septième siècle. — Le professeur se propose d'insister particulièrement sur deux idées fondamentales de Descartes, à savoir : 1° que la philosophie est la coordination de toutes les sciences dans une vaste synthèse, qu'elle est l'ensemble des connaissances humaines ramenées à l'unité, en un mot, qu'elle est la science; 2° que toutes les sciences sont dominées par la métaphysique, à laquelle elles empruntent leurs principes. — En passant, il profitera de l'occasion pour réfuter quelques doctrines contemporaines, no-

lamment le subjectivisme de Kant et le positivisme
d'Auguste Comte et Littré (1).

En 1868-69, M. Millet donna la première esquisse
d'une philosophie divisée en trois parties : 1° philosophie
première ou métaphysique, 2° philosophie de la nature,
3° philosophie pratique. « Le véritable spiritualisme, dit-il,
est celui de Leibnitz, qui concilie et achève le spiritualisme
de Platon, celui d'Aristote, celui de Descartes; le spiritualisme qui retrouve jusque dans la matière l'immatériel
et qui explique la nature même par l'esprit. Il cherche
à faire triompher des systèmes qui réduisent tout à des
éléments matériels et à un mécanisme aveugle la haute
doctrine qui enseigne que la matière n'est que le dernier
degré et comme l'ombre de l'existence, que l'existence
véritable, dont toute autre n'est qu'une imparfaite ébauche,
est celle de l'âme; qu'en réalité être, c'est penser et vouloir; que notre liberté dépendante et notre pensée limitée
prouvent un être indépendant et parfait; que l'âme ne peut
périr et que dans la nature, sous les désordres et les anta-
gonismes qui agitent cette surface où se passent les phénomènes, au fond, dans l'essentielle et éternelle vérité,
selon les expressions de M. Ravaisson, tout est grâce,
amour et harmonie (2). »

C'est pendant son séjour à Clermont, en 1867, que
M. Millet prit le grade de docteur. Sa thèse latine est
sur la théorie des axiomes mathémathiques dans la Logique
de Stuart-Mill, sujet tout spécial, très nettement circons-
crit, où il a su se renfermer pour le traiter à fond : il combat
énergiquement les théories empiriques, remises en honneur
par Stuart-Mill; ce système, dit M. Millet, n'explique pas
les caractères essentiels des axiomes mathématiques et
rend même impossible toute certitude scientifique.

Son autre thèse est un ouvrage extrêmement remarquable et fut couronnée par l'Académie française. Elle est

(1) Registres de la Faculté.
(2) Registres de la Faculté

intitulée : *Descartes, sa vie, ses travaux, ses découvertes
avant 1637* (date de la publication du Discours de la Méthode) ; elle est dédiée à M. F. Bouillier, l'auteur de l'histoire de la philosophie cartésienne, dont elle complète
et sur plus d'un point rectifie les informations. C'est
le fruit d'un travail considérable. M. Millet s'est mis
en rapport avec un grand nombre de bibliothécaires,
d'archivistes, d'érudits de Hollande, d'Allemagne, de
Suède et aussi de France ; il a entrepris lui-même plusieurs voyages ; il a réuni de la sorte un grand nombre
de renseignements ignorés, il a déchiffré des manuscrits
de Descartes, encore inédits ; il a eu en mains des lettres
de notre grand philosophe, de ses correspondants, de
ses contemporains. Il s'est alors appliqué à reconstituer
la physionomie si piquante et si originale, le véritable caractère de Descartes, qui peut-être n'a été un si grand
philosophe que parce qu'il n'a jamais été un philosophe
de profession, qui a si peu étudié dans les livres et tant
pensé par lui-même ; l'indépendance de sa pensée s'explique non-seulement par celle de son humeur, mais aussi
par celle de sa situation de fortune et de sa condition sociale. M. Millet nous fait connaître la famille de Descartes,
il nous raconte son enfance, ses études, puis il le suit dans
ses campagnes en Allemagne, dans ses voyages en Hollande, en Flandre, plus tard en Italie, dans son séjour
à Paris, enfin dans sa retraite en Hollande ; il nous expose
en détail l'histoire de la composition des Méditations (on
sait qu'elles sont antérieures au Discours de la Méthode) ;
il explique les raisons qui ont déterminé le philosophe
à sortir de la discrétion qu'il s'était tout d'abord imposée,
à rompre le dessein qu'il avait formé de vivre caché et
ignoré, à faire publier ses livres. Dans ce récit plusieurs
épisodes se détachent et présentent un intérêt tout particulier : les trois songes de Descartes dans cette nuit mémorable du 10 novembre 1619, où son génie découvrit
à la fois les principes de sa philosophie et l'application

de l'algèbre à la géométrie; la conversation qu'il eut, en 1628, avec M. de Bérulle, fondateur de l'Oratoire, lequel lui fit un devoir de conscience de ne pas garder pour lui les admirables vérités que Dieu lui avait fait la grâce de découvrir, mais de les publier et d'en faire profiter l'humanité tout entière, enfin le petit roman de 1634 et la naissance de Francine dont la mort prématurée causa un si profond chagrin à son père. M. Millet nous montre que, depuis l'âge de 23 ans (1618), dans les conditions les plus diverses et sans rien négliger des obligations de la vie active, Descartes n'a jamais cessé d'étudier les questions les plus profondes des sciences et de la métaphysique; il essaie d'établir la liste et de retrouver la date des nombreux ouvrages de jeunesse de Descartes; il tente même de les reconstituer, car pour beaucoup nous ne possédons que le titre, pour les autres que des fragments informes. De ce travail se dégage un Descartes tout nouveau et très curieux. On s'était accoutumé, depuis les publications de M. Cousin, à voir en Descartes l'ancêtre des Écossais, le fondateur de la psychologie expérimentale. M. Millet rectifie cette vue; Descartes est mathématicien jusqu'aux moelles et physicien à prioriste; ce sont précisément ces habitudes d'esprit, son mécanisme et sa méthode mathématique de définitions et de raisonnement qui donnent à sa philosophie son caractère propre et sa solidité : « Kant, après avoir miné le sol sous ses pieds, se voyant à bout de moyens, tente le passage par l'idée de devoir; mais ayant mal sondé le gué, il s'y noie; Descartes opère ce passage avec une précision admirable et un succès complet. Il part de l'idée d'être parfait et démontre rigoureusement tous les principes de sa métaphysique. »

Le succès de ce livre, dont les critiques s'accordèrent à louer la valeur et l'originalité, encouragea M. Millet à poursuivre son œuvre. En 1870 il en publia la seconde partie : *Descartes, son histoire depuis 1637, sa philosophie,*

son rôle dans le mouvement général de l'esprit humain.
(Clermont-Ferrand, chez Ferdinand Thibaud.) Il continue
à mener de front l'étude des actions et des ouvrages
de Descartes, à expliquer les uns par les autres ; il tâche
particulièrement de deviner ce qu'était ce Traité du monde,
à la composition duquel Descartes avait consacré tant de
temps et de soins, où il avait mis toutes ses théories en matière de science et de philosophie, et qu'il a détruit ou feint
de détruire (car M. Millet croit qu'il n'y eut là qu'une ruse
pour échapper aux attaques de ses adversaires et ne déses-
père pas de trouver le précieux manuscrit enfoui quelque
part en Hollande) en apprenant la condamnation de Ga-
lilée par le Saint-Office ; à propos de la question du vide
et de l'expérience du Puy de Dôme, il prend violemment
parti contre Pascal. Il nous présente un Descartes vraiment
vivant, il nous fait connaître l'existence que le philosophe
menait en Hollande, ses relations si curieuses avec la prin-
cesse palatine Elisabeth, les péripéties de sa lutte contre
Voët, les dangers qu'il courut à plusieurs reprises, enfin
son voyage en Suède, sa maladie et sa mort. Il n'y a pas,
comme l'a dit M. Janet deux hommes en Descartes, un
gentilhomme aventureux, romanesque et un philosophe
méditatif : les deux chez lui ne font qu'un et se complètent
l'un par l'autre. Les deux traits dominants de l'âme de Descartes sont la force de la volonté et l'étendue de la raison.
D'après lui, ce qu'il y a de plus intérieur, de plus profond
dans l'esprit, ce n'est pas l'intelligence, c'est la volonté,
qui est infinie. Il est deux ordres de questions dont Descartes ne paraît pas avoir compris l'intérêt et l'importance,
les questions d'esthétique et celles d'histoire ; son principal
mérite est d'avoir proclamé la souveraineté des droits de
la raison : c'est pour cela qu'il est juste de lui attribuer
une influence prépondérante sur le grand mouvement
des idées qui devait aboutir à la Révolution française.

M. Millet annonçait, comme devant paraître prochai-
nement : *Œuvres de la jeunesse de Descartes* (antérieures

à 1637), premier volume d'une édition complète des œuvres
de ce grand homme. Le temps lui a manqué pour réaliser
ce projet. Nommé le 25 mars 1870, chargé de cours à
la Faculté des lettres de Besançon, il mourut le 4 décembre
de la même année : il n'avait que 43 ans, et la qualité
des livres qu'il nous a laissés montre ce qu'on pouvait
attendre de lui si une mort prématurée n'était venue in-
terrompre ses travaux. Mais l'œuvre dont il avait proclamé la nécessité ne devait pas être abandonnée. En 1896,
les philosophes français, réunis pour célébrer le troisième
centenaire de la naissance de Descartes, reconnurent que
le meilleur moyen d'honorer la mémoire du plus illustre
de nos philosophes ce serait de publier une édition meilleure et plus complète de ses écrits. Le soin de mener à
bonne fin cette entreprise a été confié, pour la partie
scientifique, à M. Tannery, sous-directeur de l'Ecole
normale, et, pour la partie philosophique, à M. Adam
que nous avons connu quelques mois recteur à Clermont
(octobre 1897 — mars 1898). M. Adam a suivi la même
méthode que M. Millet; il a lui aussi fait plusieurs voyages
en Allemagne et en Hollande, il s'est assuré le concours
des érudits et des philosophes de ces pays et il ne manque
pas dans sa préface de rappeler le nom et les travaux de
son prédécesseur.

V.

A partir de 1871, l'enseignement de la philosophie dans nos Facultés présente une physionomie toute nouvelle ; les professeurs s'enferment dans leurs attributions auxquelles ils prennent un goût plus vif et dont ils comprennent le véritable caractère ; ce ne sont plus des écrivains féconds, avides de succès et d'applaudissements ; ils consacrent leur temps et leur peine aux étudiants ; le niveau de leurs leçons s'élève singulièrement ; quant aux cours publics, ils perdent peut-être un peu de leur éclat, mais ils deviennent beaucoup plus sérieux.

Le troisième titulaire de la chaire de philosophie à Clermont fut M. Arren. Louis-Victor Arren naquit à Solgne (Moselle) le 26 mars 1833. Il avait d'abord été destiné à l'état ecclésiastique, mais à l'âge de 20 ans il quitta le grand Séminaire pour entrer dans l'Université : en 1856 il était nommé professeur de rhétorique au collège de Rouffach, près Colmar. En 1859, il se faisait recevoir docteur par la Faculté de Strasbourg. Sa thèse française n'a rien de philosophique : c'est l'Essai d'une rhétorique sacrée d'après Bossuet. L'auteur expose successivement ce que doit être la préparation générale de l'orateur (étude de l'Ecriture sainte, des Pères, des sciences, des auteurs pro-

fanes), puis la préparation spéciale (choix du sujet, méditation, rédaction); enfin, il montre ce que doit être l'orateur
en chaire, quelles doivent être les qualités de la parole et
aussi les qualités de l'homme. Il termine par ces mots,
qu'aurait applaudis M. Nourrisson : « Une génération
dont Bossuet deviendrait l'homme serait une génération
droite et forte et promise à de beaux destins. »

La thèse latine : « *Quid ad informandos mores valère
potuerit priorum stoïcorum doctrina* », présente pour
nous plus d'intérêt; c'est une étude consciencieuse des
textes qui nous font connaître les doctrines des stoïciens,
les jugements de leurs partisans et de leurs adversaires.
M. Arren leur reproche d'avoir donné du bien une défi-
nition trop haute et trop absolue, de sorte que leur
système n'avait plus de prise sur les volontés et ne pouvait exercer une influence pratique sur le caractère et la
vie des hommes. Il semble que sur ce point l'histoire
n'est pas d'accord avec le jugement de M. Arren, qu'elle
rend hautement témoignage en faveur des stoïciens et
qu'ils nous présentent le beau spectacle d'une école dont
les vertus ont été aussi admirables que les leçons.

Reçu agrégé de philosophie en 1865, M. Arren fut professeur aux lycées de Mâcon (1859), de Grenoble (1865)
et enfin de Metz (1868). Il ne tarda pas à en être chassé
par l'invasion et dut prendre le chemin de l'exil, puisqu'il
ne lui était plus permis de servir sur sa terre natale la
France et l'Université; mais il n'oublia jamais ni cette
ville de Metz près de laquelle il était né, où il avait eu la
joie d'enseigner, ni celle de Strasbourg où il avait pris ses
grades. D'abord désigné pour le lycée de Nîmes, il fut
bientôt placé à la Faculté de Clermont où il ouvrit son
cours le 11 avril 1872. Il ne resta dans cette ville que trois
ans. Pendant le second semestre de 1872, il enseigna la
morale sociale ; en 1872-73, l'histoire de la morale sociale
en France au XVIIIe siècle ; en 1873-74, il parla de l'existence de l'âme et des systèmes matérialistes contemporains

(1er semestre), des théories modernes sur l'intelligence (2e semestre) ; enfin, en 1874-75, de la sensibilité et de ses rapports avec la morale.

Le 28 février 1875, M. Arren fut nommé à la Faculté de Poitiers et il se fixa dans cette ville qui devint sa patrie d'adoption. Dès 1879, ses collègues l'élurent pour leur doyen et jusqu'à sa mort ils lui renouvelèrent ce témoignage de leur affectueuse confiance. Mais les fonctions de l'enseignement et de l'administration universitaire ne suffisaient ni à son activité ni à son ardeur de dévouement ; élu conseiller municipal en 1881, premier adjoint en 1888, il eut bientôt à remplir les fonctions de maire, le titulaire étant retenu à Paris par son mandat de député. Le 19 janvier 1892, il fut nommé maire de Poitiers ; il eut l'honneur de recevoir M. le président Carnot, lors de sa visite à Poitiers (15, 16, 17 septembre 1892) ; le beau discours qu'il prononça à cette occasion eut non seulement en France, mais même à l'étranger, un légitime retentissement. Administrateur habile autant qu'infatigable, soucieux des intérêts de tous ses commettants, il n'oubliait pas l'Université à laquelle il devait tant. Il croyait que si les Facultés jettent un incontestable éclat sur les villes qui les possèdent, elles constituent aussi pour elles un sérieux élément de prospérité matérielle. Il réussit à faire partager sa conviction par ses collègues du Conseil municipal : la ville de Poitiers entreprit la reconstruction et l'agrandissement de ses Facultés. Mais cette œuvre qui lui tenait au cœur, dont il surveillait et dont il pressait l'exécution, il n'en devait pas voir l'achèvement : il n'eut pas la joie, qu'il méritait si bien, de présider à l'inauguration du nouveau palais de l'Université. Il mourut presque subitement le 23 septembre 1893 ; la ville de Poitiers et l'Université s'unirent pour faire des funérailles solennelles à l'homme de haute intelligence et de grand cœur qui les avait servies avec tant de zèle et d'abnégation.

M. Arren n'a pas laissé d'autre livre que ses thèses de

doctorat; il avait créé le *Bulletin mensuel de la Faculté des lettres de Poitiers* ; il y publia un grand nombre d'articles sur la philosophie romaine, sur le problème de la matière, sur les problèmes de la morale contemporaine, sur l'obligation et le bien, sur les principes du droit, sur la sanction religieuse de la morale. Il n'a jamais songé à les réunir, à les coordonner en un livre. « Il était, ainsi que l'a dit M. le recteur Compayré, du nombre de ces esprits particulièrement distingués qui, non par impuissance, mais par réserve, par un sentiment délicat des hautes responsabilités de l'écrivain, hésitent toujours à traduire leur pensée sous la forme définitive d'un ouvrage imprimé et, aimant mieux parler qu'écrire, s'éteignent et disparaissent comme des fleurs brillantes qui n'ont pas porté de fruits.... Mais à défaut de livres, il y a d'autres œuvres, et les œuvres véritables de M. Arren ce sont ses anciens élèves, cette légion de licenciés en philosophie qu'il a formés, qu'il a nourris de ses leçons, cet essaim de jeunes professeurs qui se sont répandus dans les lycées et collèges.... Ce qu'était son enseignement, la plupart de ceux qui m'écoutent le savent : éloquent à l'occasion, simple et familier quand il le fallait, quand il voulait mettre les plus hautes questions à la portée de son jeune auditoire, toujours élevé et grave, animé par le souci des grands problèmes, fidèle aux principes qui sont la raison d'être de l'enseignement de la philosophie, mais néanmoins très curieux des nouveautés, très au courant des progrès de la pensée et des recherches les plus originales de la science contemporaine. »

M. Hild, professeur à la Faculté, lui rendait le même témoignage : « Alors que l'habitude a sitôt fait de blaser sur les qualités les plus éminentes, le public a goûté pendant 18 ans, sans jamais s'en lasser, le charme de sa parole facile, claire, mesurée, toujours sûre d'elle-même. Le secret de ces succès dont notre doyen avait raison d'être fier et dont il s'était fait un besoin même au milieu des occupations les plus absorbantes, était sans doute la science solide, fruit d'un persévérant travail et, avec la science, le merveilleux talent d'exposition qui la faisait valoir. C'était aussi et avant tout l'intention morale et toute pédagogique de cet enseignement. Arren voulait être utile non seulement à la philosophie qu'il représentait, mais à la société française, dont à ses yeux, cette science était une force et un ornement sans égal. Il l'offrait aux jeunes générations avec la conviction qu'elles y puiseraient la dignité du caractère et la moralité virile de la vie. Cette préoccupation des jeunes, cette persistance à leur vouloir fournir en toute occasion les leçons et aussi les conseils qui devaient éclairer leur esprit et fortifier leur volonté était peut-être le trait dominant de l'enseignement d'Arren. » Ces qualités, plus solides et plus fortes que brillantes, les Clermontois avaient su les apprécier, et notre Faculté a lieu d'être fière de compter M. Arren parmi ses maîtres.

VI.

Le successeur de M. Arren ne fit comme lui que passer à Clermont. Jules-Francisque Gérard, naquit à Wissembourg (Bas-Rhin), le 14 avril 1839. Après de brillantes études, il entra à l'Ecole Normale en 1858; à sa sortie il fut reçu agrégé des lettres. L'agrégation de philosophie ne fut rétablie que quelques années plus tard; il s'y présenta et fut reçu le premier en 1865, la même année que M. Arren. Il était depuis 1861 professeur au lycée de Besançon où il resta jusqu'en 1875.

C'est alors qu'il entreprit et mena à bonne fin le travail si considérable et si remarquable qui devait lui valoir le titre de docteur en 1876. « Maine de Biran, Essai sur sa philosophie, suivi de fragments inédits », n'est pas seulement une thèse, c'est un livre et un livre qui restera ; il représente dix années de patientes recherches et de profondes réflexions ; à la plus grande exactitude d'interprétation l'auteur allie la justesse et la liberté de l'esprit critique ; la pensée est ferme et lentement mûrie, l'expression nette et toujours élégante : « Elle possède, dit M. Charpentier, la distinction la plus rare et la moins cherchée... Ce qui caractérise ce livre, c'est la conscience (1) ». M. Gérard avait pensé à profiter du séjour de Besançon pour se mettre en relations avec M. E. Naville, de Genève, qui avait déjà publié en 1859 trois volumes d'œuvres inédites de Maine de Biran et qui avait en sa possession les autres manuscrits du philosophe. Il fut de la sorte à même

(1) *Revue philosophique*, III, 416.

de lire tout ce que Biran nous a laissé, de se familiariser avec sa pensée, en considérant les diverses formes sous lesquelles il l'a présentée. Et ce n'était pas chose facile. En 1834, Cousin disait de Maine de Biran : « C'est le plus grand métaphysicien de mon temps ». M. Taine, dans son livre sur les philosophes français au XIXᵉ siècle (1856), le traite au contraire avec une extrême dureté; il déclare qu'il est inintelligible d'un bout à l'autre et que sous ce fatras rébarbatif, il ne se cache qu'erreurs et que banalités. « Dans les livres de Maine de Biran, remarque M. Caro, il règne une double obscurité, l'une tout extérieure, tient aux procédés diffus de ses analyses et à la lenteur tantôt laborieuse, tantôt paresseuse de son style; l'autre, tout intérieure, tient aux transformations graduelles de sa pensée. » Cette pensée obscure et touffue, M. Gérard entreprit de la pénétrer et d'en révéler à tous la richesse et la puissance. Il expose d'abord la genèse des idées de Maine de Biran : « Quelque solitaire que soit un penseur, il tient toujours par plus d'un côté au temps dans lequel il a vécu; la spontanéité du développement de son esprit, l'originalité de ses doctrines n'excluent pas des rapports souvent nombreux avec les idées régnantes parmi ses contemporains. Alors même qu'il rompt ouvertement avec ces idées et qu'il s'en fait l'adversaire déclaré, il est impossible qu'il n'en garde pas quelque empreinte ». Biran continue bien la tradition de la philosophie française inaugurée par Descartes : « Ce qui caractérise la réforme opérée dans les sciences et la philosophie au XVIIᵉ siècle, ce qui en fait la fécondité et la grandeur, c'est l'effort de l'esprit humain pour se dégager de la science logique et verbale de la scolastique en décadence, pour écarter l'enveloppe trompeuse des mots et des notions toutes faites, et voir enfin la réalité face à face ».

Pour comprendre la tournure de son esprit, le caractère si particulier, si curieux de ses études, il faut tenir compte de son tempérament et de sa santé ; « Maine de Biran n'a

pas été philosophe seulement par une de ces hautes voca-
tions qui ont dévoué la vie d'un Descartes, d'un Leibnitz,
d'un Kant à la recherche de la vérité; il l'a été surtout par
tempérament, je dirais presque par nécessité de nature.
Ce sont les souffrances ou tout au moins les malaises
presque continuels dus à la fragilité d'une organisation
trop impressionnable qui l'ont contraint à s'occuper sans
cesse de lui-même et qui de bonne heure l'ont rendu
psychologue... Retenu captif en lui-même par sa faiblesse,
il devait nécessairement tourner ses regards sur les vicis-
situdes d'une existence que sa fragilité même rendait singulièrement mobile. Pénible la plupart du temps, souvent
douloureux, toujours changeant et variable à l'excès, le
sentiment de la vie lui était constamment présent; il ob-
sédait réellement son esprit, il devenait pour lui un sujet
de constant étonnement, presque d'inquiétude... Il était
rarement en bonne fortune avec lui-même ». Voilà comment Biran a été amené à consacrer sa vie à l'observation
psychologique et comment aussi l'idée qui domine toute
sa philosophie est l'idée d'effort; il croit que nous avons
du moi une aperception interne et séparée, qu'il ne se
manifeste pas uniquement dans le concret, qu'il n'est pas
comme le zéro, qui n'acquiert sa valeur que par son union
avec d'autres chiffres : dans le fait unique et privilégié de
la volonté, la psychologie et la métaphysique se touchent
et se confondent. L'essence de l'âme, pour lui, n'est pas la
pensée, comme pour Descartes, c'est l'action, c'est-à-dire
l'énergie causale s'appliquant à un objet et s'exerçant dans
la production d'un effet, mais ne s'y épuisant pas : « Dans
chacune de mes résolutions je me connais comme une cause
antérieure à son effet et qui lui survivra... Je me vois en
deçà, en dehors et indépendant du temps; et c'est pourquoi à proprement parler, réellement et absolument, je
suis ». C'est la conscience de nous-mêmes qui est le fondement de l'idée de cause et de toutes les notions de la raison; Biran demeure l'adversaire constant des idées innées;

toutes nos connaissances, d'après lui, doivent avoir pour
point de départ l'observation des faits. Cette observation
nous découvre dans notre nature deux éléments, l'un actif,
l'autre passif et c'est une erreur de croire que l'un puisse
exister sans l'autre : « Son existence n'est un fait pour le
moi qu'autant qu'elle s'exerce et elle ne s'exerce qu'autant
qu'elle peut s'appliquer à un terme résistant ou inerte...
La force ne se conçoit pas sans organe... Il y a en nous
deux forces vivantes qui ne pourront jamais être ramenées
à une seule sans fausser les vrais principes de la science
de l'homme, sans donner un démenti formel à sa nature...
Sans sortir de nous-mêmes, nous pouvons distinguer et
circonscrire les deux domaines opposés de la nécessité et
de la liberté, faire la part du moi et de la nature, de
l'homme et de l'animal... Les deux systèmes exercent l'un
sur l'autre une influence continuelle et se combinent d'une
manière toujours plus intime à mesure que la vie de rela-
tion s'étend et se développe... Ils se confondent dans une
vie composée qui ne ressemble ni à l'une ni à l'autre des
composants... L'homme n'est pour lui-même ni une âme à
part le corps vivant, ni un certain corps vivant à part
l'âme qui s'y unit sans s'y confondre. Il est le produit des
deux et le sentiment qu'il a de son existence n'est autre
chose que celui de l'union ineffable des deux termes qui la
constituent ; en croyant se saisir lui-même dans l'un de ces
deux éléments, l'esprit de l'homme ne peut embrasser
qu'une illusion, un pur abstrait, une ombre sans consistance ni réalité ». Sur ce fondement, Biran édifie toute sa
métaphysique : « Appuyer l'ontologie sur la conscience,
résoudre par la psychologie les questions essentielles de la
métaphysique, c'est ce qui fait l'incontestable originalité
de Maine de Biran... Sa philosophie est peut-être la ten-
tative la plus vigoureuse de l'esprit analytique pour écarter tout ce qui ne ressort pas immédiatement de l'expérience et ne se justifie pas par elle... Un mot résume la
philosophie de Maine de Biran : c'est la philosophie de la

personnalité ». Comme appendice, M. Gérard publie trois
fragments inédits de Maine de Biran; l'un surtout est intéressant, sur la distinction essentielle non seulement en
philosophie, mais dans les sciences, entre ce que nous con-
naissons et ce que nous croyons. La discussion de cette
thèse fut très animée et très brillante; l'Académie française décerna au livre de M. Gérard un prix de 3.000 francs.

Sa thèse latine, sur l'Idéalisme de Berkeley est, elle
aussi, très remarquable. C'est la première étude publiée en
France sur la doctrine de ce philosophe : elle précède de
trois ans le livre de M. Penjon et de douze ans la thèse de
M. Lyon. On connaissait mal chez nous la philosophie de
Berkeley; on l'étudiait dans les livres des Écossais, ses
adversaires, qui ne l'ont pas toujours bien comprise et qui
l'ont accablée d'arguments propres à la couvrir de ridicule,
si seulement ils portaient. Loin d'être le précurseur de
D. Hume, Berkeley considère son système comme étant
plus que tout autre capable de réduire à néant les objections des sceptiques; mais il rejette les concepts de substance et de matière qui jouent un si grand rôle dans la plupart des théories métaphysiques. Le vrai nom de son
système est l'immatérialisme (M. Gérard emploie déjà ce
mot qui devait plus tard faire fortune). Berkeley ne fait
que continuer le mouvement imprimé à la métaphysique
par Descartes et Malebranche, auxquels Locke lui-même
doit plus qu'il n'en convient. Ceux-ci avaient insisté sur la
distinction des qualités premières et des qualités secondes
de la matière; ils avaient montré que la chaleur, l'odeur, le
son, n'appartiennent pas en réalité aux choses, que
ce ne sont que des manières de sentir, des phénomènes qui
se produisent en nous-mêmes : Berkeley soutient qu'il en
faut dire autant des qualités premières et que nous n'avons
aucune raison d'accorder une réalité extérieure à l'étendue et à la résistance.

En avril 1875, M. Gérard avait été nommé chargé de
cours à la Faculté des lettres de Clermont; il n'y resta

4

que jusqu'au mois de novembre 1877. C'est pendant ce temps qu'il passa son doctorat. Il prit successivement pour sujets de ses cours : les Rapports de l'art avec la morale, l'histoire critique de l'idée de progrès, enfin les Rapports de la psychologie et de la morale avec l'histoire. Bien des personnes, à Clermont, se rappellent encore le charme de ses leçons, pleines à la fois de verve et de gravité; c'était un esprit très ouvert et très précis, surtout éminemment clair; à une élégance sobre et correcte, il alliait un goût pur et élevé. Très réservé dans le choix de ses amis, il était avec eux du commerce le plus agréable, capable de jouer du Mozart à livre ouvert, aussi aisément qu'il maniait le crayon et le pinceau. En 1877, il fut appelé à la Faculté de Nancy et soutint avec éclat l'honneur de l'enseignement philosophique français en face des grandes écoles de l'Allemagne.

Mais sa santé était loin de répondre à son zèle, et plus il se donnait libéralement, plus il pouvait craindre de se voir trahi par ses forces. Sur les conseils de ses amis et la vive insistance de ses chefs, il consentit à entrer dans l'Administration : Recteur à Grenoble, de 1882 à 1890, il fut désigné alors pour diriger la grande Université de Montpellier; il apporta dans l'accomplissement de ces délicates fonctions non-seulement une activité, une vigilance qui s'étendait à tout, mais aussi de précieuses qualités de prudence, de tact, et par-dessus tout une grande délicatesse morale, une exquise bonté : « Que de bien on peut faire, disait-il, par un peu de compassion, en montrant à ceux qui souffrent qu'ils ne sont pas les seuls à souffrir et que l'on souffre avec eux ! » Sa sollicitude se portait également sur tous les degrés de l'enseignement. Nous avons vu ce qu'il avait été comme professeur de Faculté. Pour les élèves de l'Enseignement secondaire, il avait publié, avec Introduction et notes, une édition de la traduction des *Entretiens mémorables de Socrate*, par Xénophon, puis du texte de la Correspondance de Gœthe et de Schiller; dans la première, il mettait en lumière la personne bien vivante et la physionomie de Socrate, qui eut le rare mérite d'enseigner la vertu, plus encore par sa conduite que par ses leçons; dans la seconde, il faisait ressortir le caractère tout particulier de l'amitié qui unit ces deux grands poètes, amitié née de l'opposition même de leur nature et de leur génie, et qui fut également bienfaisante pour l'un et pour l'autre. Plus tard il composa, à l'usage des Écoles primaires, deux excellents ouvrages d'instruction morale et civique, que couronna l'Académie des sciences morales et politiques, les *Maximes morales de l'Écolier français*, les *Maximes morales de l'Écolière française*. O les bons livres, et que, par le caractère des leçons qu'ils contiennent, comme par le ton dont elles sont faites, ils répondent bien au programme que s'est proposé l'auteur : l'éducation par le cœur! Il s'en dégage comme un parfum d'honnêteté, de grandeur morale, de charité et de patriotisme. « Soyez justes et bons, répète-t-il sans cesse; il faut être de bons fils, de bons écoliers et de bons petits Français... Il faut être honnête homme, il faut conserver l'estime et le respect de soi-même... La raison est faite pour la vérité, le cœur pour la bonté, la volonté pour le courage... Rien ne vaut le bonheur d'une famille bien unie... Il faut aimer la patrie plus que tout au monde, et aucune patrie ne mérite d'être aimée plus que la France. »

Il semblait que M. Gérard eût devant lui une longue et brillante carrière. Son père, officier de cavalerie, lui avait fait contracter, dès sa jeunesse, l'habitude et le goût des exercices du corps; il leur demeura fidèle toute sa vie et fut un des plus zélés promoteurs du développement de l'éducation physique en France; et cependant il mourut le 2 janvier 1898, après une longue et cruelle maladie, âgé de moins de soixante ans.

VII.

De tous les professeurs qui occupèrent la chaire de philosophie de la Faculté de Clermont, M. Luguet est celui
qui la conserva le plus longtemps. M. Henri-Pierre-
Désiré Luguet était né le 28 janvier 1833, au château
d'Oléron (Charente-Inférieure) ; reçu à l'Ecole normale en
1855, il ne put, pour raison de santé, en suivre les cours
jusqu'au bout. Il ne rentra dans l'Université qu'en 1860
et fut successivement professeur au collège de Fontenay-
le-Comte, à celui de Saintes (1867) et au lycée de Pon-
tivy (1873). C'est en 1875 qu'il se fit recevoir docteur.

Sa thèse française est une Etude sur la notion d'espace
d'après Descartes, Leibnitz et Kant. L'auteur montre
bien l'attrait passionnant que cette question exerce sur la
curiosité des philosophes : « Non-seulement mystérieux,
mais encore inintelligible, sans activité, sans individua-
lité, absolument pénétrable à tous les corps, cet être dont
toutes les propriétés se réduisent à trois dimensions semble pourtant indispensable à la connaissance du monde
extérieur... L'espace a le privilège de troubler la raison
humaine, en lui offrant l'apparence de vérités irration-
nelles. Grâce à cette notion, les jeux de l'esprit sceptique

s'abritent sous un raisonnement difficile à réfuter. Achille et la tortue, la flèche des Pyrrhoniens sont des exemples tristement célèbres dans l'histoire de la logique. » Après avoir exposé et discuté les opinions qu'ont proposées Descartes, Leibnitz et Kant, M. Luguet donne ses propres conclusions, qui sont fines, ingénieuses et que nous aimerions à voir développées plus longuement : l'espace est une construction de l'esprit ; pour expliquer la formation de cette idée, il faut faire appel non-seulement à la psychologie, mais à la physiologie ; il faut aussi étudier séparément la part qu'y prennent le sens de la vue et le sens du toucher.

Les travaux qu'il fit pour préparer cette thèse amenèrent M. Luguet à lire entre autres une brochure de Grapengiesser, professeur à l'Université d'Iéna : « La polémique de Kuno-Fischer et de Trendelenburg sur l'Esthétique transcendantale ; » il en publia la traduction française dans le *Bulletin mensuel de l'Académie de Clermont* (numéros du 1er janvier 1884 et suivants). Il commença aussi dans ce Bulletin (1er mai 1880) la publication d'un travail sur Leibnitz et J.-B. Duhamel, le premier secrétaire perpétuel de l'Académie des Sciences en 1666, mais il ne l'acheva pas.

La thèse latine était le résumé d'un livre considérable que M. Luguet publia la même année, sous ce titre : « Essai d'analyse critique sur le texte inédit du Traité de l'Ame de Jean de la Rochelle, » œuvre d'un immense labeur ; car le traité de Jean de la Rochelle, qu'il avait fallu étudier sur les manuscrits, ne compte pas moins de 1200 pages, et d'une difficulté qui eût rebuté bien des courages. Mais, par la tournure de son esprit, M. Luguet était porté vers les subtiles discussions des scolastiques et il savait y prendre goût ; il a donc rendu un incontestable service, en consacrant ses efforts à l'étude du moyen âge, la période la moins connue de l'histoire de la philosophie. Jean de la Rochelle est un des plus illustres maîtres de l'Ordre dès Franciscains. Né dans les premières années du xiiie siècle, mort en 1271, contemporain d'Albert le Grand, il est antérieur à saint Thomas et à Duns Scot. Ses sermons, d'une extrême véhémence, eurent une grande vogue ; mais il est surtout célèbre comme professeur : il fut le successeur d'Alexandre de Alès, le docteur irréfragable, dont il avait été l'élève. Il ne se pique pas d'originalité, mais il connaît bien et comprend Aristote ; outre ce grand philosophe, il cite encore et commente Avicenne, saint Augustin, saint Jean Damascène, Pierre Lombard, Alexandre de Alès. Son Traité de l'Ame nous montre quelle méthode on employait au xiiie siècle dans l'étude des questions de psychologie : Il considère l'âme : 1° dans son être et dans sa substance ; 2° dans ses puissances ou facultés ; il donne et discute sept définitions de l'âme ; il disserte longuement sur les espèces impresses et les espèces expresses, sur l'intellect agent et l'intellect patient. Une pareille méthode condamnait à la stérilité les efforts les plus soutenus et ne pouvait conduire à la connaissance de la réalité vivante.

Nommé à la Faculté de Clermont en 1877, M. Luguet y demeura jusqu'en 1893. C'était un esprit ferme, patient, tenace, capable d'une vraie puissance de méditation ; ses leçons, très nourries et très fortement préparées, avaient un tour personnel et original. Le 15 janvier 1886, il fit, à Clermont, une conférence sur l'hypnotisme et les suggestions ; il y relatait les expériences dont il avait été témoin à l'Ecole de médecine navale de Rochefort, dans le service des docteurs Bourru et Burot ; il faisait ressortir les graves conséquences qui résultent de la suggestibilité au point de vue moral, surtout au point de vue de la responsabilité des criminels.

Au mois de décembre de la même année, il fit, à Riom, une conférence sur Pascal : il expliqua que la légende si répandue de l'accident du pont de Neuilly et des hallucinations qui en auraient été la conséquence, ne présente aucune garantie d'authenticité et que rien n'est plus faux que de considérer le génie de Pascal comme une forme de folie.

Dans son cours, il parla d'abord des rapports de la psychologie et de la morale; puis, fit l'histoire de la morale depuis l'antiquité jusqu'au XVIIIᵉ siècle. De 1881 à 1889, il ne fit pas de cours public et s'occupa exclusivement des conférences réservées aux étudiants; en 1889, il reparut devant le public, et, pendant quatre ans, il fit, sur les principes philosophiques des beaux-arts une série de cours extrêmement intéressants et remarquables. En effet, M. Luguet n'était pas seulement un philosophe, il cultivait avec un goût passionné l'archéologie et la musique. Comme archéologue, il avait fait des communications importantes à la Société archéologique de Saintes, à la Commission de Topographie des Gaules, aux Sociétés savantes réunies à la Sorbonne; de plus, il s'intéressait à toutes les fouilles que l'on entreprenait dans notre région, aux trouvailles qu'elles amenaient. Comme musicien, il se plaisait non seulement à tenir honorablement sa partie dans l'exécution des chefs-d'œuvre de la musique classique, mais à pénétrer les secrets de l'art, à analyser les mérites propres des différents maîtres. Ce qu'il valait comme critique musical, il l'a montré dans une étude sur G. Onslow, publiée dans *la Revue d'Auvergne* (1889 et 1890). Onslow avait obtenu quelques succès au théâtre et pouvait s'y faire une place; il préféra s'enfermer dans la composition de la musique de chambre. Il avait un goût très délicat et n'était jamais content de lui-même; il se rendait bien compte que sa musique ne serait jamais populaire et s'en consolait aisément : « Je ne m'entendrai jamais jouer sur les orgues de Barbarie! » disait-il en souriant. C'était un caractère un peu sauvage qui, à la vie de Paris, préférait l'existence du gentilhomme campagnard. M. Luguet proteste contre la sévérité des jugements de Fétis et de Scudo. D'après lui, la musique d'Onslow se distingue par la chaleur, la verve et l'élan.

Il n'est pas surprenant que, partagé entre des goûts
si divers, détourné d'un travail soutenu par le soin d'une
santé toujours précaire, M. Luguet n'ait pas donné dans un
grand ouvrage la mesure de ce qu'il était capable de faire.
Malheureusement la préoccupation de lourdes charges
auxquelles il lui fallait suffire, de sérieuses inquiétudes
sur l'avenir de ses deux fils pour lesquels il avait conçu
de brillantes espérances, aigrirent son caractère et assom-
brirent son humeur naturellement morose. D'une clair-
voyance fâcheuse pour les défauts des autres, son imagination se plaisait à grossir leurs torts; esprit fin et caus-
tique, il ne résistait pas à la tentation de lancer un trait
qu'il savait blessant; il s'était ainsi aliéné bien des sym-
pathies, il s'était même fait des ennemis, et quand, en 1893,
la mort de M. Arren rendit vacante la chaire de Poitiers
qu'il avait toujours désirée, car elle le rapprochait de sa famille et de son pays natal, il quitta Clermont sans regret,
malgré le long séjour qu'il venait d'y faire.

VIII.

Nous ne saurions oublier dans cet historique M. Bergson qui, professeur de philosophie au Lycée de Clermont depuis 1883, fut, à partir de 1884, chargé de faire deux conférences par semaine à la Faculté. M. Bergson, n'étant que maître de conférences, ne fit pas de cours et ne fut pas connu du public; mais il rendit les plus grands services aux étudiants : il avait un sens profond des problèmes métaphysiques, une rare pénétration de psychologue, un remarquable talent de parole, le goût le plus délicat en matière de style. Il donnait l'exemple d'un travail infatigable : il avait publié chez Delagrave (1884) une édition des Extraits de Lucrèce avec une longue introduction où il étudiait avec une égale compétence la physique de Lucrèce, sa poésie et sa langue; il traduisit de l'anglais l'ouvrage très considérable et très intéressant de J. Sully sur les Illusions des Sens et de l'Esprit; il envoya à la *Revue philosophique* (nov. 1886) une note sur la Simulation inconsciente dans l'hypnotisme. Enfin, c'est à Clermont qu'il prépara la thèse profondément originale et suggestive qu'il soutint en 1889 sur les Données immédiates de la conscience. Il avance cette opinion quelque peu paradoxale que les états de conscience ne diffèrent jamais de quantité ni d'intensité, mais de qualité, ce qui nous empêche de nous en faire une idée exacte, c'est qu'aux données immédiates de la conscience nous mêlons toujours des éléments empruntés à la notion d'espace, si familière à notre esprit, qu'il nous est rarement possible de nous en dégager. Nulle part l'influence de ces mauvaises habitudes d'esprit et de langage, de ces associations d'idées vicieuses, ne se fait sentir d'une façon plus néfaste qu'à propos de la question du libre arbitre; elle n'est insoluble, d'après M. Bergson, que parce qu'elle est mal posée et toutes les objections que l'on élève contre la liberté morale de l'homme disparaissent quand on comprend le caractère absolument différent des divers ordres de causes. Le sujet de la thèse latine est la théorie d'Aristote sur l'Espace.

En 1896, M. Bergson a publié un autre livre, « Matière et Mémoire », où il fait preuve des mêmes qualités de penseur et d'écrivain; son âge permet d'espérer encore une longue série de travaux. Né à Paris en 1859, élève de l'Ecole normale en 1878, professeur aux Lycées d'Angers (1881), puis de Clermont (1883), M. Bergson quitta cette ville en 1888. D'abord professeur au Lycée Henri-IV, à Paris, il a été nommé l'an dernier maître de conférences à l'Ecole normale; c'est un poste d'honneur que plus que tout autre il était digne de remplir et son influence sera sans doute féconde pour le progrès des études philosophiques.

Il ne nous appartient pas de continuer cette histoire au delà de 1893. Mais si d'une part l'exemple de nos prédécesseurs, de talents et de caractères si différents, doit faire naître en nous l'ambition de maintenir le bon renom de cette chaire, d'autre part l'assiduité des auditeurs aux cours publics et le nombre toujours croissant des étudiants inscrits aux conférences de licence et d'agrégation nous inspirent la confiance la plus ferme dans l'avenir de la Faculté des Lettres de Clermont.

Clermont-Ferrand. — Imp. G. Mont-Louis, rue Barbançon. 2.

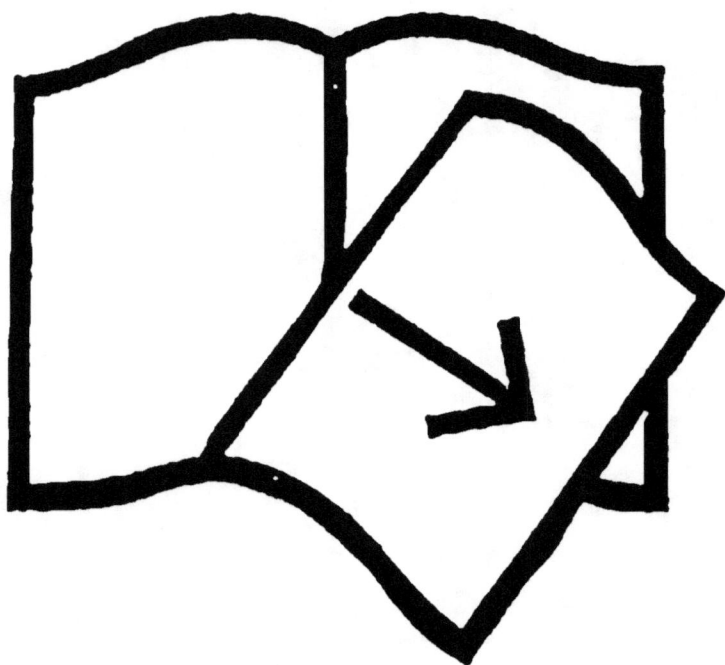

Documents marquants (pages, cahiers...)
NF Z 43-120-13